KB126049

당신
참 괜찮은
FP네요!

당신 참 괜찮은 FP네임!

초판 1쇄 인쇄일 2016년 10월 5일
초판 1쇄 발행일 2016년 10월 10일

지은이 장미숙
펴낸이 양옥매
디자인 최원용
교 정 조준경

펴낸곳 도서출판 책과나무
출판등록 제2012-000376
주소 서울시 마포구 방울내로 79 이노빌딩 302호
대표전화 02.372.1537 팩스 02.372.1538
이메일 booknamu2007@naver.com
홈페이지 www.booknamu.com
ISBN 979-11-5776-265-1(03320)

이 도서의 국립중앙도서관 출판시도서목록(CIP)은 서지정보유통지원 시스템
홈페이지(http://seoji.nl.go.kr)와 국가자료공동목록시스템
(http://www.nl.go.kr/kolisnet)에서 이용하실 수 있습니다.
(CIP제어번호 : CIP2016023584)

*저작권법에 의해 보호를 받는 저작물이므로 저자와 출판사의 동의 없이 내용의 일부를
 인용하거나 발췌하는 것을 금합니다.
*파손된 책은 구입처에서 교환해 드립니다.

• 고객이 동화되는 자석상담기법 •

당신 참 괜찮은 FP네요!

장미숙 지음

책나무

당신 참 괜찮은 FP네요!

프롤로그 고객이 인정하는 전문 컨설턴트가 되자   06
들어가면서 자신만의 story 하나 있나요?   09

Chapter 01 고객 曰 당신이 이런 FP면 좋겠어요   15

- 판매원이세요, 아님 컨설턴트세요?
- 당신에겐 두 가지 Ship이 있나요?
- FP는 전문가여야 한다고 생각해요
- 전문가에게도 판매원의 모습이 있네요
- 제 마음 아시겠죠?

Chapter 02 FP 曰 저는 이렇게 할게요   43

- 당신의 니즈를 먼저 찾을게요
- 고객에겐 이렇게 응대할게요
- 주도권은 제가 쥘게요
- 보험의 가치는 하나가 아님을 기억할게요
- 가치가 부여된 보험증권은 꽃과 같아요

Chapter 03 지은이 曰 FP는 참 멋진 직업이네요   67

- 40년 독수리의 선택처럼
- 프로의 자존감은 통장에 찍힌 숫자이다

고객이 인정하는
전문 컨설턴트가 되자

롱런하고 일을 잘하는 FP들의 공통점은 고객들과 삶을 함께한다는 것이다. 급변하는 금융 시장의 소용돌이 속에서 고객들은 그 많은 변동성에 전문적인 조언을 얻고자 한다. 동시에 그 조언은 FP에게 유리한 것이 아니라, 진심으로 고객을 위하는 조언이기를 바란다.

새로운 사람들이 보험회사에 입사해서 보험 일을 시작하려고 하고 다양한 채널에서 보험의 판매가 이루어지는 지금, 보험시장의 경쟁은 더욱 심해지고 있지만, 전문적인 FP가 되기까지는 많은 시간이 소요된다. 전문적인 FP와 그렇지 않은 FP의 차이를 가장 잘 나타내는 것이 바로 상담이다. 그래서 많은 FP들이 고객과의 첫 상담을 잘 이끌어 가는 것에 대한 고민을 가지고 있다. 이처럼 고객과의 상담이 쉽지 않은 것은 상담력은 짧은 시간에 키워지는 것이 아니기 때문이다.

FP라면 보험의 가치를 전한다는 사명감을 가지고 일하고 있지만, 현장에서 우리 일을 하찮게 여기는 고객들을 만나게 되면서 상처를 받아 본 경험이 있을 것이다. FP는 현장에서의 차가운 경험들을 이겨 내고 자신의 맨파워를 키워 나가는 과정을 거쳐야만 비로소 고객으로부터 진정으로 전문가로서 인정받을 수 있다.

이 책에는 현장에서 고객을 응대한 경험을 통해 FP가 가져야 하는 마음 자세와 고객과의 대화에서 고객이 동화될 수 있는 자석상담기법들이 담겨 있다. 세부적으로 어떤 마음가짐으로 FP의 업에 임해야 하며 고객과의 상담 시 어떻게 진행해야 고객의 마음을 얻을 수 있는지를 알 수 있을 것이다. 고객이 인정하는 좋은 이미지의 전문 컨설턴트가 되자. 고객은 그들에게 "당신, 참 괜찮은 FP네요."라고 말하게 될 것이다.

끝으로 이 서문을 빌어 감사의 인사를 드릴 분들이 많지만, 그 중에서도 참 괜찮은 FP에 대한 본인들만의 정의를 내려 주신 황태원(KDB생명 본부장), 강상삼(KB생명 본부장), 강순욱(한국보험교육개발원 대표), 정종재(KDB생명 영업교육팀장), 이현국(KDB생명 영업교육팀 부장), 조한수(GA 본부장), 김용찬(신한생명 교육실장), 장철승(DGB생명 지점장), 정욱(실천자산관리연구소 소장) 님께 감사를 드린다. 보험업에 수십 년간 근무하시면서 느낀 진정한 FP를 정의함으로써 많은 FP들과 공유할 수 있는 기회를 주심에 깊은 감사를 드린다.

특히 보험업에 계시는 분은 아니지만 초보 저자인 나에게 글의 흐름과 문맥 등을 정리하는 데 많은 도움을 주신 정유철 (국학신문사 편집국장) 님께도 깊은 감사 인사를 드린다.

2016년 10월
장미숙

자신만의
Story 하나 있나요?

2005년 출근 첫날 아침.

보험회사로 첫 출근을 하는 날 아침, 화장대에 하얀 봉투가 가지런히 놓여 있었다. 하얀 봉투에는 만 원짜리 30장과 편지 한 장이 들어 있었다.

"못난 나에게 시집 와서 세 아이 키우며 고생이 많았소. 아이 키우며 집에만 있기에 아까운 당신이 회사에 첫 출근을 하는 날에 뭘 해 줄 수 있을까 생각하다가 직접 사는 게 좋을 것 같아 준비했소. 얼마 안 되는 거지만 필요한 거 사길 바라오. 그리고 싸구려 영업은 하지 말고, 고객을 위한 영업을 하기 바라오."

– 못난 남편이

첫 출근이라 평소보다 더 정성을 들여 화장한 얼굴에는 두 줄의 세로 줄무늬가 생겨 버렸다. 30만 원이라는 돈이 어떤 남편에게는 아무것도 아닐 수도 있지만, 내 남편에게는 몇 달을 아껴서 모아야 되는 돈이라는 것을 알기에 감격스러웠다. 그리고 그보다 더 감동인 것은 무뚝뚝한 남편이 편지를 써 두었다는 사실이다.

세상에서 이렇게 큰 지지를 받으면서 세상 밖으로 나가는 여자들이 얼마나 있을까? 더군다나 보험영업을 한다면 남편들이 싫다고 결사 반대하는 사람들도 많은데…….

오늘의 내가 있는 이유는 남편이다. 그날의 편지 내용을 지금까지도 이렇게 생생하게 기억하듯이 나는 FP로서 싸구려 영업을 하지 않으려고 노력했다. 고객 입장에서 제안했다고 자부할 수 있고, 더 나은 제안을 해 드리려고 쉬지 않고 공부했다. 낮에는 고객을 만나 영업을 했고, 집에 가서는 세 아이들이 어렸기 때문에 아이들이 잠이 든 후에야 필요한 자격증 공부를 할 수 있었다. 현재 나는 보험설계사가 가질 수 있는 모든 판매 자격증을 다 가지고 있다. 그중에 힘들게 딴 자격증이 하나 있다.

어린 세 아이를 키우며 일하면서 8과목의 공부를 짬짬이 하기란 쉽진 않았다. 시험을 앞둔 4주간은 토요일마다 2시간은 걸려야 도착하는 서울로 가서 종일 수업을 들었다. 그렇게 힘든 시간을 거쳐 3개월 만에 따낸 AFPK 자격증은 나에게 무한

한 자부심을 안겨 주었다.

 그 후로 10년이 지난 지금, 나는 자산관리 분야의 전문가로, 또 강사로 자리를 잡게 되었다. 이렇게 성장한 것은 출근 첫 날부터 나를 지지해 준 남편 덕분이다. 힘들 때마다 나는 나를 지지해 준 남편을 생각하며 힘을 내곤 한다.

 FP를 선택함에는 여러 가지 이유가 있었을 테지만 당신이 흔들릴 때마다 당신을 지탱해 주는 당신만의 힘의 원천은 무엇인가요? 그런 자신만의 story 하나 있나요?

Chapter

01

고객 曰

당신이 이런
FP면 좋겠어요

고객을 위하는 따뜻한 마음을 가짐과 동시에
전문적인 컨설팅 역량을 가진 FP, 당신이 그런 FP였으면 좋겠어요

영업을 하는 사람들의 마음은 자신의 이익과 고객에 대한 서비스라는 두 가지의 서로 다른 가치를 두고 양팔 저울로 저울질을 하는 것과 같다. FP는 고객에 대한 서비스를 최고로 여기는 마음과 동시에 영업을 통해 자신의 이익을 추구하고자 하는 마음에서 오는 갈등이 있을 것이다. 이 두 가지의 가치에서 어느 쪽이 더 기울어지냐에 따라 고객이 바라볼 때 누군가는 좋은 영업인으로, 또 다른 누군가는 나쁜 영업인으로 비춰질 것이다.

FP가 보험계약을 체결하는 행위는 영업적인 행위와 고객에 대한 사명감을 실천하는 의미를 동시에 내포한다. 이런 점에서 FP는 사명감을 가진 영업인이어야 한다. 우리가 FP를 보험판매원이 아닌 재정 컨설턴트라고 부르는 이유가 여기에 있다.

고객을 위하는 따뜻한 마음을 가짐과 동시에 전문적인 컨설팅 역량을 가진 FP, 이 책을 읽고 있는 당신이 그런 FP이면 좋겠다!

판매원이세요,
아님 컨설턴트세요?

판매원은 상품을 파는 일을 하는 사람으로, 컨설턴트는 기업경영에 관한 전문적인 의견이나 조언을 말하여 주는 사람 혹은 상담가라는 의미로 쓰인다.

과거에 FP를 '보험판매원'이라고 부른 적이 있다. 그때는 주로 상품을 파는 형식으로 보험 계약을 체결하였으니 맞는 말이다. 물론 지금도 판매원에 가깝게 보험 계약을 체결하는 경우도 있다. 대표적인 것이 전화로 보험을 판매하는 곳들인데, 그 조직에서는 짧은 시간 안에 상품의 장점을 안내하여 고객이 구매하도록 유도한다. 그 과정에서 고객의 상황이나 니즈를 파악하는 시간은 필요 없다. 영업적인 강한 클로징으로 고객을 당기는 판매 방법을 써야 하기 때문이다. 정수기나 화장품, 책 등을 판매하는 사람들을 우리는 '판매원'이라고 부르듯이 보험도 그렇게 판매를 하였으니 '보험판매원'이라는 말이 맞다.

지금은 'FP' 또는 'FC'라는 용어를 주로 사용한다. 우리가 사용하는 FP라는 용어는 재정 컨설턴트를 의미한다. 고객의 재무를 관리해 주고 상담해 주며 새로운 제안을 해 주는 역할을 하고 있는 것이다. 사람들은 단순히 물건을 파는 판매 행위를 비하하거나 무시하는 경향이 있는 듯하다. 그러다 보니 '보험 파는 아줌마'라는 말에는 기분 나빠 하지만 '재무설계사' 혹은 'FP'라는 말은 전문적인 이미지로 생각하기도 한다.

"보험은 파는 것이 아니다."라는 말을 지금이야 많이들 인식하지만, 과거에는 보험을 파는 것으로 인식했다. "우리 회사에 암 보험 좋은 거 있는데 하나 준비하세요.", "암은 발병률이 너무 높잖아요. 하나 들어 놓으면 든든해요. 월 5만 원이면 되니 하나 해요.", "암이 진단되면 3천만 원이 나와요. 암 수술비는 2백만 원 나오고, 입원하면……."과 같은 식의 권유를 받아 봤을 것이다. 그런 시대에는 질병이나 상해보험 등 단품의 상품 판매를 많이 하였던 시기이다.

종신보험은 2000년 초반 우리나라에 들어왔다. 깔끔한 슈트를 입은 남성 설계사가 007가방과 노트북을 들고 부부 상담을 통해 종신보험을 전하기 시작했다. 그때부터 보험 시장은 상품 위주의 권유가 아니라 고객맞춤형으로 다양하게 설계해서 제안하는 컨설팅의 영역으로 넘어왔다.

지금 대부분 대면채널에서는 고객을 만나 계약을 체결하는 과정에서 단순 판매보다는 컨설팅을 한다. 고객이 원하는 대로 FP가 몇 개의 설계안을 제시하면 고객이 이를 보고 공개입찰 형태로 계약을 체결하는 사이트도 생겨났다. 그래서 지금 보험 일을 시작하는 사람들은 더 이상 판매원의 형태로 보험일을 할 수는 없다. 물론 초기에는 지인들을 상대로 몇 달간은 그렇게 할 수도 있겠지만 그후에는 지독하게 힘들어질 수밖에 없을 것이다.

앞으로의 긴 비전을 가지고 이 일을 하려면 FP는 전문적인 컨설턴트가 되어야 한다. 컨설턴트는 판매원과는 달리 고객의 마음을 읽는 상담 능력, 전문적인 지식, 세련된 화법, 강한 클로징 등 다양한 역량들을 갖추어야 한다. 그렇기에 FP에게는 시간이 필요하다. 지금 힘들더라도 이겨 내고 버티는 시간 속에서 성장해 가야 하기 때문이다.

롱런하고 있는 FP들에게는 바로 이런 인내가 있었다. 그들에게는 '전문 재정 컨설턴트'라는 FP의 자부심이 있음을 명심하자.

당신에겐
두 가지 Ship이 있나요?

보험을 판매하는 방식은 다양하다. 2003년부터 시작된 방카슈랑스처럼 은행 창구에서 판매되기도 하고 홈쇼핑 방송을 통해서 판매되기도 한다. 이것은 고객이 보험을 가입하는 경로가 무척 많음을 의미한다. 인터넷의 발달로 고객의 검색 능력도 커져서 때로는 FP보다 더 많은 보험 정보를 가지고 있는 고객도 있으니, 보험영업을 한다는 것이 쉬운 일이 아니다. 생명보험 FP만 해도 13만 명이 넘는데 그들의 역량, 즉 맨파워(manpower)가 저마다 다르다.

나는 보험영업을 하는 사람이라면 다음 두 가지는 반드시 갖추어야 한다고 생각한다. 그 두 가지는 영업 마인드와 FP

로서의 마인드다. 이것을 우리는 영업 ship과 FP ship이라고
한다.

영업 ship은 말 그대로 영업을 잘하려는 마인드를 말한다.
자신의 목표를 달성하는 데 있어 적극적인 마인드라고도 볼
수 있다. 그리고 FP ship은 재정 플래너 혹은 재정컨설턴트로
서의 사명감이 충만하고 이 업의 가치를 높이 여기는 마인드
를 말한다. 보험인이 이 두 가지를 다 가지고 있다면, 고객에
게도 올바르며 실적도 우수한 FP가 될 것이다.

하지만 두 가지 중 한 가지만 있고 하나가 없다면, 결코 좋
은 FP가 될 수 없다. 만약 영업 ship은 충만한데 FP ship이 없
는 FP라면, 고객을 대할 때 보험의 가치 전달은커녕 어떻게든
판매만 하려고 머리를 쓸 것이다. "어떻게 하든 이 상품을 팔
기만 하자."라는 생각에 작은 것을 크게 부풀려서 좋은 것처
럼 과장해서라도 보험을 팔려고 할 것이다. 그러다 보면 고객
에게는 무리한 계약을 할 수도 있고 때로는 부도덕한 결과로
실적을 높이기도 한다. 실적을 잘하면 대접을 받는 영업 조직
에서는, 좋은 대우를 받고 싶은 욕망에 사로잡혀 이렇게 영업
ship만 과하게 키우게 되는 사람도 있다.

반대로 FP ship만 있고 영업 ship이 없는 FP는 고객에게 진
심으로 보험의 숭고한 가치를 전달하고 이 일에 사명감을 가
지고 일을 하되, 영업력이 없어서 계약은 못하고 정보 전달만
하며 다니게 된다. 아무리 좋은 가치라도 전달만 한다면 무슨

소용이 있겠는가? 고객이 느끼기만 하고 실제 변화를 실행하지 않는다면 고객의 삶은 FP를 만나기 전과 다를 바가 없다. 실제로 가정의 안전 장치인 보험을 구매해서 그 가정이 위험으로부터 지켜져야 하는 것이 아닌가.

어떤 것을 좀 더 중시하느냐에 따라 판매 방식이 달라진다. 대면영업에서 상품 위주로 접근하여 판매하는 방식으로 일하는 FP나 전화로 보험을 원스톱으로 판매하는 곳에서 일하는 FP는 영업 ship이 상대적으로 더 많은 것이다. 반면 대면영업에서 고객을 만나서 고객의 팩트를 토대로 그들의 니즈와 재정상태를 파악하여 큰 틀에서의 제안을 하고 그 해결 방법으로 상품의 제안이 들어가는 식의 영업은 상대적으로 FP ship이 더 많다. 보험을 업으로 하여 살아가는 사람마다 그들이 지닌 이 두 가지의 마음이 조금씩 다를 수 있다.

나는 FP ship이 좀 더 많은 FP이며 이 일을 처음 시작한 것도 그런 ship이 있었기 때문에 가능했다. 만약 보험 FP의 일이 FP ship은 없고 영업 ship만 있는 일이었다면, 나는 장사를 했을지는 몰라도 이 일을 선택하지는 않았을 것이다. 그래서 나는 강의를 할 때는 지금도 두 가지의 ship을 강조한다. 어느 하나를 빼고서는 우리는 롱런할 수 없기 때문이다. 영업 ship이 없었다면 급여가 만족스럽지 못해 언젠가는 떠나게 되었을 것이고, FP ship이 없었다면 고객에게 버림받아서 떠나게 될 것이다. 이 두 가지의 ship의 조율이 나를 지금까지 지탱해 줄 수 있었던 것 같다.

그래서 한 달의 마감을 할 때는 FP ship과 동시에 영업 ship을 발휘해서 목표치를 채우고 그로 인한 만족스런 급여를 가져가야 한다. 수면 위의 우아한 백조와 수면 아래서 쉬지 않고 발길질을 하는 우아하지 않은 백조가 같은 한 마리의 백조인 것처럼 이 두 가지의 모습을 우리는 다 가져야 한다.

당신에겐 이 두 가지 Ship이 있나요?

03

FP는
전문가여야 한다고 생각해요

　어떤 분야에서 10년을 일한 사람을 '전문가'라고 한다면, 나도 이 일을 시작한 지 어느덧 10년이 지났으니 전문가인 셈이다. '전문가'라는 말은 왠지 들으면 기분이 좋다. 왜 그럴까? 그건 아마도 다른 사람에게서 인정을 받기 때문인 것 같다.

　처음 보험 일을 시작했다고 하면 대부분의 주변인들은 이 일을 오래하지 못할 것이라고 확신한다. 보험 일은 시작해 보는 사람들이 많지만 그만큼 일 년 안에 그만두는 경우도 많기 때문이다. 그래서 보험은 시작하고 1년은 지켜봐야 한다고들 말한다. 이 때문에 나는 실제로 신입교육을 할 때 꼭 1년을 버티시라고 강조하기도 한다.

FP의 지인들 중에는 1년을 버틴 FP에게 드디어 계약을 해주는 경우도 있다. 영업 세계는 프로의 세계다. 자신이 일한 만큼 급여를 가져가고 능력에 따라 차등대우를 받는 동시에 1인 1기업의 오너와도 같다. 스스로 계획하고 스스로의 시간을 주체적으로 쓰며 지속적으로 역량을 키워 나가야만 생존할 수 있는 곳이다. 그래서 FP는 전문가여야 한다.

　전문가가 갖추어야 하는 것은 많다. 우선 처음 입사하는 신입에게는 복장이나 헤어와 같은 외모의 전문적인 이미지를 강조한다. 첫인상에 대한 중요성을 알기 때문이다. 그래서 비즈니스 매너 수업의 첫 번째 강조가 첫 이미지이다. 그리고 그 이미지 연출에 빠져서는 안 될 중요한 것이 바로 복장이다.

　금융업에 종사하는 사람들이나 아나운서 앵커들의 복장은 정장이다. 이유는 정장이 주는 신뢰감 때문이다. 정장은 원래 서양의 예복으로 예절과 격식을 갖추기 위해 입었으니 그런 이미지가 고스란히 이어져와 사회적 신뢰감을 주게 되었던 것이다. 그래서 단정하고 깔끔한 정장을 입으면 신뢰감 있는 비즈니스맨을 떠올리게 된다. 나는 정장을 '나의 작업복'이라고 말한다. 일할 때 매일 입는 옷이기 때문이다.

　복장에 이어 또 하나가 헤어스타일인데, 여성들의 경우 짧은 머리를 하는 경우가 대부분이다. 긴 머리의 여성은 전문가 이미지보다는 여자로서의 이미지가 먼저 떠올라 전문 FP로서의 모습이 보이지 않기 때문이다. 처음 이 일을 하기 위해 교육을 받으러 오시는 여성 교육생들이 시간이 지나면서 점점 세련되어지는 모습을 보면 기분이 좋다. 멋있는 옷을 입고 마음껏 다니는 것이 즐거웠던 나의 옛 기억이 나서인 것 같다.

이런 외모적인 전문 이미지 외에 대화를 하면서 전달되는 전문 이미지가 있다. 신뢰를 주는 말은 적당한 빠르기와 또박또박 정확한 발음, 단호한 어미와 부드러운 어미의 사용을 적절히 하는 말투에서 느껴진다.

말의 속도는 굉장히 중요하다. 너무 느리면 고객이 집중력이 떨어지고 지루한 느낌과 답답한 느낌을 받게 되며, 너무 빠르면 뭔가 FP의 마음이 급해 보인다. 특히 클로징을 하는 경우에 FP는 마음은 조급할지언정 아주 느긋한 모습을 보여야만 한다. 말이 빨라서 FP가 오늘 이 계약을 꼭 체결하겠다는 마음을 들키는 순간, 고객은 자신이 뭔가에 속고 있을지도 모른다는 의심을 하게 되면서 계약 체결을 미루기 때문이다.

또 하나는 전문적인 단어를 사용하는 것이 중요하다. 같은 뜻이라도 전문적이고 세련된 언어를 구사한다면 훨씬 전문적인 이미지로 비춰지기 때문이다.

지금까지 겉으로 보이는 이미지와 관련된 전문가의 모습을 이야기했다면 이번에는 업무적으로 전문가로 보이기 위해서는 어때야 할지를 살펴보자.

회사마다 정말 다양한 상품들을 가지고 있다. 보험이 재미있는 것은 상품도 다양하지만 같은 상품 하나로 다양하게 설계를 해서 각기 다른 제안들을 만들어 낼 수 있다는 점이다. 예를 들어 종신보험의 경우 일반사망담보를 1억으로 할 때 주보험으로 1억을 만들 수도 있지만, 정기보험이나 수입보장특약을 같이 활용하여 다양하게 설계하기도 한다.

또 사망에 대해서도 시간이 지날수록 사망보험금을 증액하거나 감액할 수도 있고, 중대한 질병에 선지급해 주는 CI 종신이나 펀드에 투자가 되는 변액 종신으로 다양하게 설계할 수 있다. 의사가 진단을 똑같이 하더라도 그 처방이 다를 수 있는 것과 같은 이치이다. 그래서 우리 일을 의사가 하는 일과 비유하기도 한다.

허리 디스크의 경우를 예로 들어 보자. '디스크'라는 동일한 진단에도 어떤 병원은 의사가 꼭 수술을 권유하지만 어떤 병원은 수술은 가장 마지막 방법으로 하고 물리치료나 주사요법의 처지를 우선으로 하는 경우가 있다. 진단은 같은 디스크이지만 이와 같이 처방이 다른 것이다.

의사들은 사람의 목숨을 지키는 사명감을 가지고 그 일에 임하는 사람이다. 그리고 FP는 고객의 가정을 지키고 고객의 돈을 지켜 준다는 사명감으로 일하는 사람이다. 의사가 진단을 하기 위해서는 환자에게 정확한 현재의 상태와 과거의 병력을 문진을 통해서 알고 검사를 통해서 알아내듯이, FP도 고객의 팩트를 다양한 질문을 통해서 알아내고 전산 시스템으로 재정 상태를 진단해 주기 때문에 같은 역할을 한다고 할 수 있다. 또 의사가 약이나 치료 등의 처방전을 주듯이 FP는 고객에게 가장 적합한 제안서를 주게 되는 것이다.

이것이 바로 FP가 전문가여야 하는 이유다.

전문가에게도
판매원의 모습이 있네요

최근에 입사하시는 분들 가운데 개인영업이나 지인 영업을
하지 않고 멋스러운 전문 FP의 모습만을 가지겠다는 분들이
많다. 참 아이러니하다. 일을 처음 시작하는 사람들이 한 달
간 교육을 받고 나가서 어찌 법인영업이나 노무나 세무영업을
하는 전문가처럼 보이길 바라는지⋯⋯.

그들이 놓치고 있는 한 가지가 있다. 노무나 세무를 통한
영업의 밑바탕은 개인영업이라는 것이다. 법인의 사장님도
결국 한 개인의 아버지고 남편이고 아들이듯이 그들을 내 사
람으로 받아들이는 기술은 개인영업에 다 녹아 있다. 처음 이
일을 하면서 알고 지내던 가까운 지인에게 명함을 건네면서

느끼게 되는 다양한 감정들, 그 지인들이 시간이 지난 뒤 "너 아직도 보험 하고 있니?"라고 묻는 그 과정들 속에서 보험인으로 성장하고 있는 것인데, 그것을 껑충 뛰어넘으려고 한다는 생각이 든다.

우리 일은 노무, 세무로 접근하는 것같이 스킬만 배워서는 안 되는 일이다. 물론 운이 좋게 신입이 노무로 계약을 하기도 하지만, 우리는 롱런을 해야 하는 사람이다. 어쩌다 들어오는 퐁당퐁당의 계약에 자신을 맡길 수는 없다.

지인 영업을 통해 소개 시장으로 그리고 제3의 시장으로 경험을 하는 동안 FP에게는 계약의 수만 늘어나는 것이 아니라, 내공이 쌓이는 것이다. 고객의 마음을 읽는 내공, 고객의 거절을 쳐낼 수 있는 내공, 고객이 원하는 것을 제안서로 보여줄 수 있는 내공, 그런 것들이 갖추어져야 우리는 프로라고 한다. 전문가가 되기 위해서는 시간에서 익어 가는 과정이 반드시 필요하다. 그런 시간 속에는 지인에게 상품을 권하는 판매원의 모습도 반드시 있었음을 명심하자.

물론 노무나 개척 시장에서 신입 FP가 계약을 성사시키기도 한다. 나 또한 상가나 회사 개척에서 신입 때 계약을 많이 했었다. 문제는 FP가 스스로 땀 흘려 개척한 시장이냐가 중요하다. 내가 계약한 상가나 회사는 직접 땀 흘려 씨 뿌리기를 한 곳이다. 스스로 개척해 온 능동적인 시장을 확보한 FP와, 주어지는 시장에 투여되듯 나가는 수동적인 자세를 가진

FP의 차이는 매우 크다. 또한 그 시장만 보고 활동한다면 역시 쉽지 않다. 그런 제3의 시장과 더불어 안정적인 지인 시장과 소개 시장을 동시에 가야 한다는 것이다.

누구나 어떤 일을 처음 시작할 때는 어둔하다. 그것은 잘 모르기 때문이다. 베테랑들은 능숙하고 그 일을 잘 알기 때문에 전문인 것이다. 그들은 오랜 시간 숙성될 시간을 가졌던 자들이다.

서울 · 경기권의 백화점 문화센터를 돌면서 재무설계 강의를 할 때 강의를 듣는 사람들은 강사인 나를 일반 보험설계사로 보지 않았다. 그렇기 때문에 강의가 끝나고 개인 상담을 요청받아서 만나면 "상담료는 얼마예요?"라는 질문이나 "상담료를 받으시나요?"라는 질문을 받게 되는 것이다. 시계를 돌려 나의 첫 시작을 보면 결국 나도 나의 지인에게 "우리 회사에 암 보험 좋은 거 있어. 하나 해!", "연금 준비해야 해요. 이달에 꼭 하세요!"라는 판매원의 모습이 있었지만, 시간 속에서 성장한 나는 타인에게 어느새 전문가의 모습으로 거듭난 것이다.

세상에 공짜로 얻어지는 것은 없는 듯하다. 누군가에게 빵 하나를 얻어 먹게 되는 것도 내가 베푼 것이 있어서일 것이다. 하물며 우리 일을 하면서 전문가로 보이고 싶으면서 그 과정을 건너뛰려고 하는 것은 아이러니하다. 더 나은 컨설턴트의 역할을 하기 위해서는 단순 판매의 경험 또한 중요하다는 것이다.

예전에 현장에서 일할 때 많이 들었던 말 중에 기억에 남는 말이 있다. "아는 사람이 자꾸 하라고 해서 보험을 들어 둔 건데 나이 들어 병원 신세를 지게 되다 보니 그 덕을 톡톡히 봤어. 그때 더 들어 둘 걸 그랬어." 친구 어머님이 다리를 수술하시고 하셨던 말씀도 바로 이 말씀이었다.

엄마가 밥 먹기 싫다는 자식에게 밥 먹으라고 귀찮게 강요하는 것과 보험 들으라고 FP가 귀찮게 강요하는 것이 나는 같다고 생각한다. 먹기 싫다는 밥을 꼭 먹고 가라고 말해 주는 엄마가 귀찮고 싫었지만, 그런 덕에 포동포동 건강한 나를 볼 때와 나이 들어 더 이상 그런 말을 해 주는 엄마가 없을 때 그 기억은 소중하고 따뜻하듯이 FP가 강요해서 들어 두었던 보험은 살다 보면 언젠가는 병원비로, 아이들 등록금으로 혹은 연금으로 그 역할을 톡톡히 하게 되는 때가 온다. 그때야말로 "그때 좀 더 들어 놓을 걸……." 하고 후회도 하고, 그때 참 잘해 두었다고 안심도 하게 되는 것이 고객이다. 그렇기 때문에 FP는 전문가여야 하지만 동시에 판매원의 모습으로도 일할 수 있어야 한다.

제 마음
아시겠죠?

사람의 마음을 읽는다는 것은 쉬운 것 같으면서도 결코 쉽지 않다. 사람들마다 자신의 마음을 겉으로 표현하는 방식이 다 다르기 때문이다. 어떤 사람들은 자신이 갖고 싶은 것이 있으면 "이거 저 주시면 안돼요?"라고 당당히 달라고 요청하는가 하면, 어떤 사람들은 갖고 싶은 마음을 겉으로 당당히 표현하지 못하는 사람이 있다. 받는 거에 익숙하지 않은 사람들이 주로 그런 것 같다. 심지어 "이거 줄까요?"라는 말에도 마음은 받고 싶은데 "아니요"라고 입이 먼저 말해버리고는 속으로 후회하는 사람도 있다.

우리 아버지가 그런 분이시다. "아버지 뭐 드실 것 가져올

까요?", "뭐 필요한 거 없으세요"라고 여쭈어 보면 항상 "어언지"('아니'의 사투리)라고 말씀 하신다. 그러면 나는 안 드시고 싶은가 보다 해서 갖다 드리지 않는데 옆에 계시던 어머니께서는 항상 아버지께 갖다 드리는 것이다. 그러면 아버지께서는 "어언지"라고 하셨으면서도 하나씩 하나씩 드시고 계시는 것이다. 나이가 들면서 알게 되었다. 아버지의 마음 표현방식을. 그래서 언제부터인가 나는 아버지에게 묻지 않는다. "이거 드세요"라고 하면서 바로 갖다 드린다. 오래 전에 어머니가 읽으신 아버지의 마음을 나도 이제 읽게 된 것이다.

같은 사람이라도 환경에 의해서 평소와 다른 방식으로 표현하는 경우도 있다. 조직에서 오래 근무하다 보면 자신의 생각을 그대로 표현하지 않는 경우가 있듯이 말이다. 그러다 보니 우리는 고객의 마음을 헤아리는 것이 어렵다. 고객들이 보험 제안을 거절할 때의 말들은 진짜 속마음일 수도 있고 아닐 수도 있다. 다음의 경우는 진짜의 속마음이 아닌 경우가 많다.

고객: 여유가 없어서 담에 할게요.

FP가 자주 듣게 되는 말이다. 이 말 안에는 시간적 여유가 없다는 말과 경제적 여유가 없다는 단순한 의미의 말도 들어 있지만, 그 깊은 속내는 "당신에게 보험을 가입하고 싶지가 않아요."라든가 "당신이 제안한 상품 말고 다른 회사의 상품으로 결정할게요."와 같이 말 못할 이유가 들어 있기도 하다. 언어적 표현 속에 고객의 다른 거절이 숨어 있는지를 모르는 신입 FP는 다음과 같이 말한다.

신입 FP: 여유가 없어도 이 보험은 최저 보증이 타사보다 높고 중도 인출도 되고 납입 면제도 되는 정말 좋은 거니까 지금 당장 꼭 가입해 두셔야 해요.

고객의 거절에 상품의 특징을 가지고 강한 클로징을 하려고 한다. 결과는 뻔하다. 고객은 몇 번 더 여유가 없다는 거절을 하고 그 자리는 그렇게 소득 없이 마무리된다. 신입 FP가 상담에서 실패하는 이유다.

하지만 고객이 진짜 여유가 없다고 하는 말이 돈이 없어서가 아니라, 말을 하지 않는 다른 이유가 있을 것임을 눈치 챈 베테랑 FP는 다른 질문을 한다.

베테랑 FP: 여유가 없다는 말에 저는 여러 가지로 해석됩니다. 조금만 더 구체적으로 말씀해 주시겠습니까?

그런 정중한 질문에 대부분의 고객은 이렇게 말한다.

고객1: 사실은……. 제가 아시는 분이 며칠 전에 상품 설계서를 하나 가지고 왔더라고요. 그분에게 들어줘야 할 것 같아요.

고객2: 다른 회사나 인터넷으로 비슷한 보장을 더 저렴하게 가입할 수 있을 것 같아 좀 더 알아보고 결정했으면 해요.

이같이 새로운 거절의 이유를 듣는 상황을 접하게 된다. 하지만 실망하지 않아도 된다. 고객이 속내를 말해 주는 것은 새로운 기회를 얻는 것이기 때문이다. 말하지 않았던 속마음을 하나 더 알게 되면 FP는 새로운 접근을 할 수 있다.

베테랑 FP: 그러시군요. 지인분에게 제안받은 상품 설계서를 한번 보여 주실 수 있으세요? 지인분이 잘 설계해 주셨을 테지만 제가 도움을 더 드릴 수도 있을 것 같아서요.

이렇게 다른 FP에게 받은 설계안을 보여 달라고 하거나 거절의 이유를 물어봐서 더 경쟁력 있는 제안을 제시할 수 있는 기회를 한 번 더 가질 수 있는 것이다. 고객이 아는 보험의 지식이 FP보다 못한 경우가 대부분이라면 경쟁자의 제안을 보았을 때 웬만하면 더 나은 제안을 해서 가져갈 수 있다.

베테랑 FP: 다른 회사나 인터넷으로 더 저렴하게 가입하실 상품을 알아보시겠다는 거군요. 그것도 좋은 방법이십니다. 그런데 보험료를 얼마 정도 생각하시나요?

이처럼 고객이 저렴한 보험을 원한다는 사실을 알았다면, 꼭 다이렉트 보험이 아니더라도 설계의 방법에 따라 충분히 가격을 조절할 수 있으며, 때로는 가격 조절보다 보장에 우선적인 중점을 두어야 함을 다시 한번 강조해서 계약의 기회를 한 번 더 가질 수 있다.

PT(제안서 제시) 시 FP에게 한 번 더 주어지는 기회란 계약 체결 확률을 0%에서 50%로 끌어올릴 수 있는 어마어마한 기회이다. 그 기회를 한 번 더 가지느냐 못 가지느냐는 고객의 마음을 읽었느냐 못 읽었느냐의 차이다. 그래서 고객의 마음을 읽을 수 있는 FP가 전문가인 것이다. 초보 FP들의 계약 체결율이 낮은 이유는 고객의 니즈를 정확히 파악하지 못하고 자기가 좋아하는 것을 권유하기 때문이다.

다음은 오랫동안 지내 온 친구를 찾아간 신입 FP의 사례다. 역시 고객의 속마음을 읽어 주는 것이 얼마나 중요한지 알 수 있다.

FP는 친구가 자기와 마찬가지로 어린 두 딸의 아빠이고, 외벌이 가장이다 보니 자신이 교육 시간에 마음을 확 빼앗긴 종신보험을 친구에게 권하면 되겠다고 생각했다. 이유는 간단했다. 가장의 가족 사랑에 대한 실천과 두 아이의 미래를 위해 가장 좋은 것이 종신보험을 준비하는 것이라고 믿고 있었기 때문이다. 그런데 이런저런 이야기로 종신보험을 권유했지만, 친구에게는 전혀 먹히지 않았다.

집으로 돌아오는 길에 FP는 마음이 무척 상했다. 오랜 친구라서 FP는 자신이 보험을 권하면 친구가 알았다며 설명도 필요 없다고 하면서 사인을 해 줄 것이라고 생각을 했다가 큰 실망을 한 것이다. 더욱이 정말 좋은 종신보험인데 왜 안 하는지 도통 알 수가 없었다.

반면 친구는 어땠을까? 보험회사에 들어간 친구에게 뭐든 도움을 주려던 차에 마침 아이를 위한 저축을 해야겠다고 생각했다. 그런데 계속 종신보험을 권하는 친구 FP를 보면서 자기 생각은 무시하고 수당이 많다는 보험만을 권하는 것 같아 맘이 상했던 것이다. 이렇게 고객의 마음을 읽지 못하면 서로 감정의 스크래치를 남길 수도 있는 상황이 발생한다.

갓난아기를 키워 본 엄마라면 이런 경험을 해 봤을 것이다. 아기가 자꾸 울어서 '배고프구나!'라고 생각해서 젖병을 물리는데 혀로 젖병꼭지를 밀어내면서 계속 우는 것이다. 그럼 원인은 하나, 기저귀가 젖은 경우다 싶어 기저귀를 갈려고 하는데 기저귀는 아주 뽀송뽀송한 게 아닌가. 그러면 엄마는 또 젖병을 물리지만, 역시나 아기는 젖병꼭지를 혀로 밀어내며 더 크게 우는 것이다.

이렇게 아기 엄마가 아기의 울음을 해석을 못해 쩔쩔 매고 있을 때 할머니가 보리차가 든 젖병을 가져와 아기에게 물리자, 아기는 숨도 안 쉬고 꿀떡꿀떡 보리차를 먹는 것이다. 그리고 다시 젖병을 주자 아기는 우유를 배불리 먹고 새근새근 잠이 들었다. 엄마의 당연한 생각으로는 절대로 아기의 요구를 들어줄 수 없는 상황도 있는 것이다.

FP가 당연하다고 여기는 생각이 고객의 요구와 다를 수 있음을 명심해라. 결국 상대의 마음을 읽어야 한다. 아기의 울음이 배변과 배고픔일 거라는 고정된 생각, FP가 좋다고 생각하는 상품을 고객들이 다 좋아할 것이라는 생각, 이런 사고로는 고객의 마음을 읽을 수 없고 얻을 수도 없다.

혹시 현장에서 보장성이 꼭 필요한 고객인데도 저축을 고집하는 분들이 있다면 일단은 그들의 최우선 니즈를 충족시켜 주라. 그리고 보장성 플랜은 한 번 더 기회를 만들어서 채워 주라. 원치 않는 것을 억지로 먹이려고 하지 말고, 원하는 것 먼저 해결해 주고 신뢰가 더 쌓일 때 그때 하나 더 해결해 주면 된다.

많은 사람들이 본인이 필요하다고 하는 것을 사고, 중요하다고 생각하는 것을 선택하면서 살아간다. "영업은 파는 것이 아니라 사게 만드는 것"이라는 말이 있다. 고객이 보험을 사도록 만들려면 고객의 마음속에 보험이 필요하다는 생각이 들게 하든지 아니면 고객이 필요로 하는 것을 빨리 찾아내서 그것을 제안해 주면 된다. 따라서 이미 저축보험이 필요하다는 명확한 니즈를 가지고 있는 고객에게 굳이 필요 없다는 보장성 보험을 고집해 가며 계약을 체결하려고 할 필요가 없다.

고객이 원하는 것을 해 주는 것이 성공적인 상담이다. 고객의 니즈를 발견하지 못하면서 FP 본인의 니즈를 사라고 강요하는 것은 강매가 아닐까? 잊지 말자!" 보험의 숭고한 가치의 전달은 니즈가 전혀 없는 사람에게 가치를 전달하라는 것이지, 최우선 니즈가 명확한 사람에게 그 니즈를 바꾸어서 전달하라는 의미가 아니다.

Chapter

02

FP 曰

저는

이렇게 할게요

말을 많이 하지 않으면서도 당신의 말 속에서
당신이 가장 중요하게 여기는 삶의 가치를 발견할게요

세상에서 가장 큰 깨달음은 경험에서 나오는 것 같다. 현장에서 10년 이상 고객 상담을 통해 깨달은 것이 하나 있다. 고객과의 상담을 할 때 주도권은 FP가 쥐고 있더라도 그것은 보이지 않아야 하며, 보이는 주도권은 고객이 가지고 있어야 성공적인 상담이 된다는 것이다.

초보 FP와 경험이 많은 FP의 상담 차이가 바로 여기에 있다. FP가 실제 주도권은 쥐고 있지만, 고객이 봤을 때는 마치 자신이 주도권을 쥐고 이야기하는 것처럼 느끼게 하는 것이다. 칭찬은 고래를 춤추게 한다고 했다. 고래가 춤추도록 잡아 끌지 않아도 스스로 춤을 추게 하는 힘이 있듯이, 경험이 많은 FP는 말을 많이 하지 않지만 고객의 말속에서 중요한 니즈를 다 찾아낸다. 또한 고객이 가장 중요하게 여기는 삶의 가치를 발견하는 능력도 있다.

이 장에서는 고객과의 상담을 FP가 어떻게 응대해야 할지를 알려 줄 것이다.

01

당신의 니즈를
먼저 찾을게요

우리는 끊임없이 선택을 하면서 살아간다. 하루에도 수십 번의 선택을 하면서 살지 않는가? 아침에 눈을 떠서부터 "밥을 먹고 출근할까? 그냥 갈까?", 출근 준비를 마친 후에는 "지하철로 갈까? 버스로 갈까?", 일을 하다가 점심시간이 찾아오면 "면을 먹을까? 밥을 먹을까?" 등……. 스스로가 선택의 고민을 하고 있다는 생각조차 들지 않을 정도로 일상적인 삶이 되어 버린 선택의 상황들이 즐비하다.

이때 누군가가 한마디 툭 던진다면 그 말을 따를 확률이 상당히 높다. 왜냐하면 그다지 중요하거나 심각한 선택의 고민이 아니었기 때문이다. 요즘 애들은 이런 상황을 가리켜 "영업을 당한 거다."라고 한단다. 고등학생 딸이 "엄마, 나 애들에게 영업 잘해."라고 하기에 "그게 무슨 말이야?" 하고 물었더니 "내가 셜록을 좋아하잖아? 셜록 이야기를 해 주면 애들이 나 따라서 셜록을 좋아해. 또 내가 어디 가서 먹고 맛있으면 그거 알려 주는데, 그러면 애들이 그 집에 가서 다 먹고 와."

우리 딸은 그런 상황을 아이들이 자기에게 영업 당했다고 표현을 한다. 첨에는 그 단어 표현이 맞나 하고 어색했는데, 요즘 아이들이 사용하는 언어 방식이란다. 신기하게도 이렇게 우리의 삶 속에는 영업이 자리 잡고 있는데, 인식을 하지 못하는 영업적 행동들에 대해서 어른들은 영업했다고 생각하지 않는 것 같다.

소개팅을 나가는 남녀가 상대에게 잘 보이기 위해 신경을 쓰는 것도 자신을 영업하는 본능이다. 의사들이 병원을 개업하고 환자를 유치하는 코디네이터나 실장들을 두는 이유도 명백히 영업을 잘하기 위한 행위이다. 성형외과의 경우, 코디들의 상담은 마치 그녀들이 의사인가 하는 생각이 들 정도이다. 의술은 있으나 여성 환자 고객 유치가 안 되면 비싸게 리스한 기계들이나 병원의 임대료, 간호사들의 월급이 고스란히 빚으로 남을 것을 아는 의사들이 자신을 대신해 영업해 줄 사람을 고용하고 비용을 지불하는 것이다. 변호사들도 마찬가지이다.

그런데 희한한 것은 그런 전문가들의 활동을 색안경을 끼고 보지 않으면서 보험 일을 하는 우리는 영업하는 사람들이라고 경계를 한다는 점이다. 인식이나 선입견은 이래서 무서운 것 같다.

남성들을 대상으로 어떤 텔레비전 프로그램에서 몰래 카메라를 찍은 것을 본 적이 있다. 하이힐을 신은 여성들에게 남성은 관대하고 아주 배려심이 많았다. 그녀들이 도움을 요청할 때 모든 남성이 도와주려고 했던 것이다. 이에 반해 같은 여성인데 낮은 신발을 신은 경우에는 결과가 달랐다. 즉, 남성들은 하이힐을 신은 여성에게 더 관대하고 배려가 많다는 실험 결과였다.

나 역시 하이힐이 참 좋다. 힐을 신은 여성들이 매력적으로 다가오기 때문이다. 예뻐 보이는 건 사실인가 보다. 내가 갑자기 왜 하이힐을 좋아한다는 이야기를 하는지 궁금할 것이다. 나는 영업의 기본은 어필하는 것이라고 생각한다. 내가 하이힐을 신고 걸을 때 기분 좋은 것은 나를 어필하는 방법임을 알고 있었기 때문이다. 사람들은 자신을 남에게 어필하고 싶어하고, 애완견이나 고양이도 주인에게 더 사랑받으려고 하는 몸짓들이 있다.

영업을 이렇게 어필하는 것으로 생각한다면 그리 어렵지 않을 것이다. 새로 나온 신형 핸드폰과 같은 물건을 파는 것이라면 그 물건을 보여 주면서 어필을 할 수 있겠다. 그런데 보험은 눈으로 볼 수 있는 상품이 아니다. 그러므로 상품으로 어필하기 이전에 먼저 해야 할 것이 하나 있다. 그것은 바로 고객이 원하는 것을 먼저 파악해야 한다는 것이다.

예를 들어 보자. 여러분이 핸드폰 가게의 사장이다. 고객이 문을 열고 들어오자마자 두리번거리면서 핸드폰을 보고 있다. 이 고객이 원하는 것은 무엇일까? 그렇다. 핸드폰을 사러 온 것이다. 또 이번에는 여러분이 옷 가게 사장님이라고 가정해 보자. 가게 안으로 들어온 여성이 옷을 만지면서 구경을 한다. 그녀는 무엇을 하려고 왔을까? 그렇다. 옷을 사러 온 것이다.

이런 경우는 고객이 원하는 것이 명확한 상태에서 물건을 어필하면 계약이 성사된다. 또한 이런 경우는 소극적인 영업만으로도 충분히 마무리할 수 있다. 약국에 약을 사러 온 고객에게 약사는 약의 필요성과 중요성을 설명해 가면서 약을 팔지 않아도 된다. 처방전대로 주거나 혹은 달라고 하는 것을 주면 되는 것이다. 이 얼마나 쉬운 영업인가?

보험 영업을 보자. 고객과 첫 대면을 한다고 해서 고객이 보험을 가입하려고 그 자리에 나오는 경우는 매우 드물다. 즉, 설계사를 만나러 나왔지만 보험을 가입하려는 생각은 없는 경우가 많다. 첫 대면에서 거절하는 경우가 이 때문이다. 그래서 보험의 중요성과 필요성을 강조 설명해야 하고, 인생에 대한 전반적인 대화들이 이어져야 한다. 그런 시간들을 거쳐야 고객의 니즈를 파악하고 팩트를 얻게 되어 향후 제안서를 줄 수 있다. 이 단계가 선행되어야 그다음 니즈에 맞는 상품을 제안하면서 좋은 점들을 알려 주고 계약으로까지 연결된다.

기억하자. FP는 상품 소개 이전에 고객의 니즈를 먼저 찾아야 한다.

02

고객에겐
이렇게 응대할게요

FP는 누구라도 만날 수 있고, 그들을 대상으로 영업을 할 수 있다. 그런 다양한 고객들을 공통적으로 응대하는 방법을 알아보자.

1. 좋은 인상과 전문적 이미지를 주자

고객에게 좋은 인상과 동시에 전문적인 이미지를 주어야 한다. 좋은 사람으로만 인식되는 것은 주위 동네 사람들과 다를 바 없다. 그런 사람들이 좋은 이미지라고 해서 자신의 돈이나 고민에 대한 속내를 털어놓지는 않는다. 그래서 FP는 좋은 이미지 외에 전문적인 이미지를 가지고 있어야 한다. 이것이 신뢰감이다. 우리가 복장에 신경을 쓰고 언어나 몸짓에 신경을 써야 하는 이유가 여기에 있다.

사람들의 언어를 통한 의사전달은 불과 7% 정도밖에 되지 않는다. 나머지 93%는 바디랭귀지나 외모, 복장, 눈빛 등으로 전달된다. 우리는 처음 고객들을 만날 때 바로 이 점에 주목할 필요가 있다. 고객이 우리를 판단하는 데는 3초면 된다. 3초가 좋아야 3분의 시간을 얻을 수 있고, 3분의 대화를 통해 더 이야기하고 싶은 마음이 들도록 하면 30분이라는 시간을 얻을 수 있다.

2. 보험 영업, 그 이상의 역량을 지닌 사람임을 알게 하라

개척시장에서도 우리는 매력이 있어야 한다. 처음에는 잘 모르는 사람이었지만 깊은 관계를 맺고 "저 사람 참 좋아."라는 마음이 있어야 오래간다. '나'라는 FP를 전혀 모르는 사람도 나를 만난 후로는 "저 FP가 괜찮고 좋아 보인다."고 여겨야 한다는 뜻이다. 여기에는 보험 영업만 하는 사람으로 인식되어서는 곤란하다. "그 이상의 역량을 가진 사람이 보험 영업을 하는구나!"라는 인식을 주어야 한다.

어떤 사람이 그런 인식을 주는 사람일까? 그런 사람은 다방면으로 대화를 할 수 있어야 한다. '세상 이야기, 경제, 육아 문제, 자녀 문제, 교육 문제, 자기계발 등을 의논할 만한 사람이구나!'라는 생각이 들어야 한다. 어떤 이야기를 화제로 삼더라도 고객이 그 사람과의 대화는 의미 있고 그 시간은 즐겁다는 생각이 들도록 하여야 한다.

나의 경우, 보험 이야기보다 오히려 세상 이야기를 더 많이 나눈 것 같다. 삶에 대한 서로의 가치를 나눈다든가, 육아 문제의 같은 고민을 공유한다든가 앞으로의 꿈과 비전을 이야기하는 시간들이 더 길었다. 그런 대화 속에서 고객은 그 FP를 보험 영업만 하는 사람이 아니라, 그 이상의 역량을 지닌 사람으로 인식하게 되고 가까이 두려고 한다.

3. 고객 입장에서 일하는 사람이라는 인식을 주라!

고객은 보험을 잘 모르기 때문에 FP가 솔깃한 말로 현혹하는 부분을 가려낼 수 없다. 이것이 고객이 FP와 거리를 두는 이유다. 그만큼 고객들에게는 FP의 이익이 앞선 제안서를 받아 본 경험이 많음을 의미하기도 하다. 현장에서 고객들의 불만 속에서 많이도 들어 보았던 말들이다.

만약에 FP가 고객 입장에서 일하는 사람이라는 인식이 들게 된다면, 이것저것 물어보면서 부탁도 자연스레 하게 될 것이다. 고객 입장에서 일하는 사람, 이것이 바로 고객이 FP를 가까이 두는 이유가 될 것이다. 그렇다면 FP가 고객 입장에서 일하는 사람이라는 인식을 심어 주기 위해 무엇을 해야 할까?

어찌 보면 고객은 FP에게 많은 것을 바라지 않을 수도 있다. 고객은 단지 자신이 원하는 것을 읽어 주고 해결해 주길 바란다. 따라서 FP는 들어주고 제안해 주면 되는 것이다. 그리고 고객의 이야기를 들어줄 때는 가족이나 친구의 입장으로 귀를 열어라. 고객에게 제안을 해 줄 때는 내가 가장 사랑하는 사람의 문제를 해결한다는 생각으로 머리와 가슴을 열어라. 고객은 그제야 인식할 것이다.

"내 입장에서 일해 주는구나. 당신, 참 괜찮은 FP네요."
라고…

03

주도권은
제가 쥘게요

　보험 일을 하기로 결심하고 시작하는 과정에서 가장 불편해
하는 것 중 하나가 '보험 영업을 하게 되면 을의 입장에서 일
을 해야 하지 않을까?'라는 것이다. 실제로 FP와 고객과의 관
계를 보면 갑과 을의 관계로 시작되는 경우가 많다.

　나는 이 일을 시작한 후 식당에서 n분의 1을 하는 것이 어
색할 때가 많아졌다. 가망고객을 만나든, 지인을 만나든, 미
래의 고객이 될 사람이라는 생각에 밥값이며 커피값이며 내가
돈을 내게 되는 것이다. 실제 고객들을 만나면 고객들도 자기
주머니에서 돈을 낼 생각을 아예 안 하는 사람들이 많았다.
거래에서 갑과 을의 위치를 굳이 알려 주지 않아도 서로가 알

고 시작하는 것 같았다. 그래도 오래 만난 고객들 중에는 대등한 관계로 생각하며 내가 밥을 사면 고객은 커피값을 내는 등 지인처럼 지내게 되는 사람들이 많으니 고마운 일이다.

나는 현장에서 일을 할 때 내가 을이라고 생각한 적은 없다. 나는 상대방에게 필요로 하는 서비스를 발로 뛰며 전달해 주는 전달자였으며, 상대가 원하는 것을 제안해 줄 수 있는 조력자(helper)라고 생각하고 있었기 때문이다.

FP가 찾아가면 자신을 갑처럼 생각하는 고객들도 있다. 그들은 계약을 하면서 심지어는 몇 달치 보험료를 대신 내달라고 하는 경우도 있다. 실제로 나는 12년 정도 일하면서 그런 고객을 2명 만났다. 그럴 때 나는 절대 그들과는 타협하지 않았다. 앞으로 가입자에게 제공될 서비스는 몇 달치의 보험료와는 비교도 안 될 만큼 크다는 것을 다시 설명해 준다. 덧붙여 보험료를 내 주는 것은 보험업법 위반으로 3천만 원의 벌금을 낼 수도 있음을 일깨워 주었다. 이렇게 설명하자, 두 사람 모두 더는 말하지 않고 사인을 하였다.

계약이 된 이후, 상황은 달라진다. 주도권이 FP에게로 넘어온다는 의미이다. 계약 체결 후에는 계약에 관련한 도움을 FP가 줄 수 있는 입장이 되기 때문이다. 고객은 계약을 하고 나면 가입한 상품에 궁금한 점이 생길 때 물어보거나 보험사고가 발생된 후에는 어떻게 해야 하는지, 보험금을 탈 수 있는지 등의 문의를 한다.

이렇게 계약 후에는 고객이 FP에게 의존하게 된다. 그때 야말로 우리는 계약하기 전보다 더 정성껏 고객을 대해야 한 다. 왜냐하면 FP가 주도권을 가졌기 때문이다. 그때 고객에 게 소홀히 하는 것은 그야말로 갑질을 하는 것이다. 고객에 게 갑질을 하는 순간, 고객은 그 FP를 떠나게 된다는 사실을 명심하자.

계약 체결 후가 아니라 체결 전 상담 시에 주도권을 가지고 싶은가? 그 부분은 "4장 FP 曰: 상담을 어떻게 해야 할지 모 르겠어요"에서 만나 보자.

04

보험의 가치는
하나가 아님을 기억할게요

하루는 집 근처 우체국에서 근무하는 20대 여직원에게 명함을 건네고 몇 마디 이야기를 나눈 후, 저축의 의미로 변액유니버셜보험을 권유했다. 20대라 보장의 니즈는 없지만 돈을 모으는 것에는 관심이 많을 거라 생각하고 급여의 일부를 장기투자저축으로 권유하는 식의 비교적 빠른 스텝의 계약을 하기 위한 상담을 진행했던 경우였다. 그러나 결과는 실패였다. 우체국에도 보험과 저축상품이 있는데 그런 사람에게 저축보험을 권유한 내가 무모하기도 했지만, 왜 내 제안이 성립되지 않았을까를 고민했다.

2주가 지나고 새로운 암 보험 신상품이 등장하면서 권유할 고객을 떠올리다가 그 여직원이 문득 생각 났다. 가벼운 생각으로 우체국에 들러서 암 보험 이야기를 하자, 그 여직원이 많은 관심을 보이면서 제안서를 가지고 오라는 것이다. 놀라운 것은 현재 본인의 암 보장금액이 8천만 원이나 되는데도 말이다.

이상해서 물어보았더니 역시나 암에 대한 아픈 경험을 가지고 있었다. 그녀는 어릴 적 엄마가 암 투병을 하면서 아버지의 사업이 축소되고 살던 집도 점점 줄여 이사를 가게 된 경험이 있었다. 또 7살 때 엄마가 돌아가신 후에는 자신이 어린 두 남동생들을 보살펴야 했다. 그녀에게 암은 단순히 두려운 질병이 아니라, 가정 전체를 무너뜨릴 수도 있는 고통스런 삶으로 각인되었던 것이다.

그녀는 그렇게 암 보험을 계약했지만 나는 그 일이 지금도 잊히지 않는다. 나는 왜 20대 중반의 미혼 여성이면 저축을 권해야 한다고 생각했을까? '그녀의 이야기를 다정한 언니처럼 먼저 들어 주었어야 하는 거였는데…….'라는 미안한 맘이 자리 잡았다. 그녀에게는 너무도 큰 상처인 암, 나에게는 겨우 3~4만 원짜리 정도의 보잘것없는 계약의 의미.

그 일로 많은 것을 깨달았다. 더는 보험의 가치를 '다수의 계약자들이 낸 보험료로 상부상조의 정신을 바탕으로~' 혹은 '가정의 보호막으로 진정한 가장의 가족 사랑~' 등의 교과서적인 말들로 정의 내릴 필요가 없어졌다. 그녀에게서 암 보험의 가치는 인생의 무서운 트라우마를 잠재워 주는 것이었다.

한 할머니를 소개받아 간병보험을 판매하게 되었다. 분명히 할머님이 간병보험을 요청하셨고 몇 만 원이 안 되는 금액이라 바로 사인을 받을 것이라고 생각하고 찾아간 것인데, 할머니는 설명을 다 듣고도 사인을 하지 않았다. 조금 더 생각한다고만 하셔서 결국 계약을 못했다. 그로부터 일주일 뒤 다시 찾아갔으나, 역시 설명만으로 끝났고 다시 삼 일 뒤도, 또 이틀 지난 뒤도 결과는 같았다.

그렇게 6번을 찾아간 날, 할머니는 드디어 사인을 하셨다. 아들이 결혼해서 즐거웠던 시기도 잠시, 며느리는 손자를 두고 집을 나가고 아들은 먼 곳으로 가서 일하다가 사고로 죽었다는 것이다. 결국 할머니 혼자서 그 손자를 떠맡아서 키우고 있었다. 할머니는 손자에게 짐이 되고 싶지 않은 마음에 간병보험을 가입한다고는 했지만 보험료가 부담스러워서 계속 망설였다 하신다. 들어야지 하다가도 보험료가 부담스러워 안 해야지 생각했다가, '그래도 그거라도 안 해두면 우리 손자 힘들어질 텐데…….' 이렇게 고민을 반복하느라 이제야 결정을 하셨다고 했다. 할머니의 말씀을 듣고 그 간병보험의 가치는 하나 남은 어린 피붙이에 대한 절박한 사랑임을 알 수 있었다.

보험의 가치는 '사람이 사람을 위하는 마음'이라는 것을 이 일을 하면서 많이 깨닫는다. 20대 미혼이 종신보험의 니즈가

당신 참 괜찮은 FP네요!

있을까 싶지만, 누군가는 시골에 홀로 계신 어머니를 위해 자신의 종신보험을 가입하기도 하니 같은 상품이라도 그 의미는 사람들마다 다르다. 30대 가장이 종신보험을 가입하는 것은 어떤 이유일까? 자신이 없을 때 아이들과 아내가 생활할 수 있도록 준비하는 자산이라고 보통 생각하지만, 때로는 아내만을 위한 노후자금으로 준비하는 경우도 있다.

생명보험의 매력은 바로 이런 다양한 컨설팅이 가능하다는 점이다. 보험의 가치는 그래서 하나가 아니다. 사람들마다 그들의 가슴에 새겨지는 보험의 가치는 누구를 향하는지에 따라, 또 어떤 의미로 가져가는지에 따라 다르다.

나는 고객의 삶의 가치를 보험이라는 장치로 지켜 주고 고객을 통해 삶을 배워 나갈 수 있는 일을 하고 있음에 감사한다.

05

가치가 부여된 보험증권은
꽃과 같아요

영화 〈레옹〉에서 레옹은 화분에 심은 화초를 아주 귀하게 여기며 손질도 하고 정성껏 물도 주면서 키운다. 레옹에게 그 화초는 한곳에 정착하지 못하고 떠돌아 다니는 자신의 처지와도 같은 친구이다. 또한 킬러의 불안한 정서를 순화하고 위안을 주는, 특별한 존재이기도 하다. 이 흔한 식물이 레옹에게는 가치가 부여된 의미가 있는 존재인 것이다. 그래서 그는 항상 화초를 곁에 둔다.

사람들은 누구나 자신이 가치가 있다고 생각하는 것을 소중히 여긴다. 영업하는 사람들이 자신이 팔고자 하는 것을 상대에게 가치가 있는 것이라고 인식시킬 수만 있다면 계약은 성사된다. 그러므로 내가 팔고자 하는 상품에 어떤 가치를 부여할 것인가를 고민하라. 어머니가 임종 직전에 물려주신 반지는 18K 둥근 모양의 장신구가 아니다. 어머니의 분신과도 같은 가치를 품고 있는 물건인 것이다. 그런 가치가 있는 물건은 절대로 함부로 다루지 않는다. 우리가 고객에게 전하는 보험의 의미가 그래야 할 것이다.

현장에서 일을 할 때, 우리는 고객의 증권을 분석한다. 그것을 우리는 '증권분석' 혹은 '보장분석'이라고 하는데 FP가 증권분석을 할 때 사실은 리모델링을 예상하고 하는 경우가 많다. 정확히 말하면 리모델링의 가능성을 희망하면서 분석을 한다. 보험도 시대에 맞춰 가야 하기 때문에 오래전에 가입한 보험의 경우 지금의 보장으로는 부족한 부분이 많다. 꼭 과거에 보험을 잘못 들어서가 아니라, 물가 변동을 못 쫓아온 결과로 부족 부분이 생기기도 한다. 물론 바람직하지 않은 보험 설계를 유지하는 경우도 있고, 부담이 과도한 보험인 경우도 있다. 이런 경우는 리모델링의 대상이 된다.

FP가 리모델링을 하더라도 어떤 증권은 감히 건드리지 못하기도 한다. 바로 가치가 부여된 증권이다. 수년 전에 아이의 대학등록금을 준비하기 위해 공시이율 저축보험을 가입했다고 가정하자. 그 뒤 금리가 말도 안 되게 떨어졌고, 앞으로 10년, 15년 뒤의 돈 가치까지 하락한다면 그 공시이율의 장기 저축이 의미가 없을 수 있다. 이 경우 금리 이상의 수익을 내는 투자형 상품으로 갈아타자고 FP가 충분히 제안할 수도 있다. 이런 경우 제안을 하는 FP에겐 걸릴 것이 없다고 할 수 있고, 고객도 충분히 설득될 수 있을 것 같다.

그런데 만약에 그 공시이율의 저축보험 증권 상단에 자필로 "민서야, 엄마가 너를 위해 준비한 너의 꿈을 위한 증서야. 엄마가 꾸준히 잘 챙겨서 준비할게. 사랑해!"라고 쓰여 있다면 어떨까? 이 증권은 더 이상 보험증권 종이가 아니다. 엄마가 아이의 꿈을 위해 준비한 사랑의 가치가 부여된 실체이다. 이것을 보는 FP는 섣불리 수익이 낮은 상품이니 수익이 더 나는 상품으로 갈아타자고 말할 수 없을 것이다.

그리고 혹 그렇게 FP가 말하더라도 고객이 쉽게 받아들이지 않을 것이다. 왜냐하면 수년 전 그 저축을 가입할 때 고민하던 자신의 모습과 아이가 커서, 대학 입학 때 이 통장에서 돈을 찾아 등록금을 내는 그림을 그려 봤던 기억들을 떠올리게 되기 때문이다. 결국 초심을 지킬 확률이 상당히 높다.

우리나라 많은 사람들이 좋은 의미와 포부로 장기 저축을 하고 있지만, 실제 10년 이상 유지해서 비과세 혜택을 보는 사람은 아주 적다. 하지만 처음 가입할 때의 이런 의미를 되새긴다면 유지할 사람들이 더 많을 것이다. 부지점장을 할 때 신입 팀원들에게 항상 이런 이야기를 하곤 했다. 계약 고객에게 증권을 전달할 때에는 반드시 증권 위에 고객이 직접 쓰든지 아님 FP가 자필로 써서 그 의미를 적어서 드리라고 강조했다. 이 작은 행동이 고객을 지키고 FP를 지키는 것이며, 자신의 설계에 만족하는 프로만이 할 수 있는 행동이라고 말이다.

가치가 부여된 무생물은 김춘수의 시 〈꽃〉에서 이름이 불린 존재와 같다. 우리는 고객에게 꽃이 된 증권을 전달하자.

Chapter

03

지은이 曰

FP는 참 멋진
직업이네요

FP는 새벽을 가르는 부지런한 사람들이며
시간의 주체, 돈의 주체가 될 수 있는 멋진 직업을 가진 사람이다 세상에는 수많은 직업이 있지만 FP라는 직업은 정말 매력적이다. 1인 CEO이며 다양한 사람들과의 인연을 통해 삶도 배우고 돈도 벌 수 있는 기묘한 직업이다.

누군가 보험 일을 시작한다고 하면 지인 중에 이렇게 말하는 사람이 있다. "니가 왜 보험을 해?"라고, 하필 보험일 같은 거를 하느냐는 식이다. 나는 FP의 사명감과 비전을 가지고 주체적으로 FP가 되었고 12년째 이 일을 하고 있으며, 앞으로도 계속 이 일을 할 것이다. 그런 내가 생각하기에는 도무지 이해할 수가 없다.

보험 영업을 하고 있는 수많은 사람들 중에는 새벽을 가르며 고객을 위해 밤늦게까지 자신이 주체가 되어서 일하는 사람들이 많다. 세상에서 아주 부지런한 사람들 중의 한 부류이다. FP라는 직업은 시간의 주체, 돈의 주체가 될 수 있는 멋진 직업이며, 무엇보다 보험 일을 잘해 놓으면 할 수 있는 일들이 무척이나 많다. 할 수 있는 영역도 넓으며, 돈 벌면서 인생까지 배울 수 있는 직업이 이 세상에 몇 개나 될까? FP라는 직업은 그런 면에서 정말 멋진 직업이다.

01

40년 독수리의
선택처럼

FP라면 독수리의 이야기쯤은 다 알고 있을 것이다. 독수리의 수명은 70년 정도 된다. 그러나 독수리가 70년을 다 살려면 한 번의 중요한 고비에서 선택을 해야만 한다. 독수리가 40년을 살면 부리가 구부러져서 가슴을 찌르게 되고, 발톱도 구부러져서 잘 앉지도 못하며, 깃털도 무거워져서 날 수가 없게 된다고 한다. 이때 독수리는 그대로 굶어 죽을지 아니면 고통스런 과정을 통해 변신을 할지를 선택해야 한다.

즉, 40년까지만 살고 말지, 앞으로 30년을 더 살지를 결정한다는 말이다. 앞으로 30년을 더 살기로 결정한 독수리는 자신의 부리를 바위에 부딪쳐서 갈아내고 발톱을 하나하나 제거

당신 참 괜찮은 FP네요!

하며 깃털을 뽑아낸다. 부리를 갈아 내면 새로운 부리가 나오고, 발톱을 제거하면 새로운 발톱이 자라 나오며 깃털을 뽑아 내면 그 자리에 가벼운 새 깃털이 나와서 자신의 남은 30년을 무사히 보낼 수 있기 때문이다. 말이 쉽지, 그 고통을 참아 내면서 하는 선택은 정말로 눈물겨울 것 같다.

조선시대에는 사람의 평균 수명이 24세였다. 그리고 현대에 이르러, 지금의 평균 수명은 81세다. 평균적으로 5배나 더 오래 산다. 우리는 이제 100세 이상을 사는 시대를 맞이했다. 그렇다면 우리도 한 번쯤은 독수리와 같은 선택을 해야 하지 않을까? 살던 대로 살아가도 크게 무리가 없는 삶일 수도 있겠지만, 변화의 두려움을 이겨 내는 사람들만이 더 나은 새로운 삶을 맞이할 기회를 가질 수 있다. 20대, 30대의 삶, 40대, 50대의 삶, 60대, 70대의 삶, 그 후의 삶이 현재보다 더 만족스럽고 새롭다면, 분명히 그 삶을 위해 노력한 시간과 간절한 갈망이 있었을 것이다.

이제는 하나를 배워서 평생을 살아갈 수 있는 시대가 아니다. 예전의 호황을 누리던 직업들이 어느새 사라지고 생소한 직업들이 대거 등장하고 있다. 즉, 변화에 동참하지 않으면 생존이 어려운 시대를 우리는 살아가고 있는 것이다. 평생 한 회사에만 몸담고 아무 준비도 없이 은퇴하신 분들이 퇴직금으로 자영업을 선택하고 3년 안에 문을 닫는 게 현실이다.

20대는 30대의 삶을 준비해야 하고, 40대는 50대 이후의 삶을 준비하면서 살아가야 한다. 100세를 산다니 우리는 얼마나 다양한 일들을 하면서 살아갈 수 있겠는가? 새로운 시작을 고민하는 분이라면, 40년의 독수리를 되새기며 꼭 이 일을 시작해 보라.

그리고 만일 현재 이 일을 하고 있는 분이라면 좀 더 다른 프로세스와 방법을 모색해 보면서 끊임없이 자신을 업그레이드 하라. 다른 사람이 계란을 깨 주면 계란 프라이일 뿐이지만 계란의 껍질을 스스로가 깨면 병아리가 된다고 하지 않던가. 우리는 독수리처럼 우리 삶에 주체적이어야 할 필요가 있다.

그런 의미에서 FP의 일은 참 멋있다. 항상 배우고 익히며 고객과 함께 새로운 정보를 공유하고 미래를 계획하며 살 수 있는 직업 중의 하나다. 시간의 주체도, 일의 주체도, FP 자신이다. 혹시 이 일을 하는 것을 망설이거나, 현재 하고 있지만 그만두고 싶은 마음이 든다면 40년 된 독수리의 선택을 기억하라.

깃털을 뽑고 부리를 갈고 발톱을 뽑아 앞으로의 더 멋진 FP의 모습으로 탈바꿈해 보라. 당신의 모습은 FP로서 참 멋진 사람임에 틀림없다.

02

프로의 자존감은
통장에 찍힌 숫자이다

보험 영업을 하면서 사람으로부터 상처를 받는 경험을 누구나 한다. 그것은 보험에 대한 인식이 그리 우호적이지 않기도 하고, 영업이라는 업을 하기 때문이기도 하다. 자존감이 높은 사람은 타인으로부터 기분이 상하는 말을 듣더라도 쉽게 감정을 추스린다. 이것을 어디선가 '회복탄성력이 좋다'라고 표현하는 문구를 본 적이 있다.

회복탄성력은 마음근육의 힘이다. 이것은 훈련을 통해 단단해질 수 있는 것인데, 이 회복탄성력이 좋아야 마인드 컨트롤이 잘되는 것이다. 이런 사람들은 상처를 잘 받지 않고 의연하게 자신의 모습을 지킬 수 있는 사람이다. 또 영업을 하

71

면서 상처나 사람들의 거절에 익숙해지면서 튼튼해지는 경우도 있을 것이다.

우리 일이 힘들어도 25일 급여 날에 많은 급여를 받게 되면 순간 힘들었던 시간을 잊어버리는 것 같다. 그리고 이 일이야말로 최상의 일인 것처럼 여겨지기도 한다. 이처럼 통장에 찍힌 숫자로 기운을 얻고 동기가 부여된다. 통장의 숫자가 800만~1,000만 원 정도 찍힐 때는 고객이 거절을 하거나 차가운 시선으로 바라보아도 아무렇지 않다. 그런데 만족스럽지 않은 급여를 받으면서 고객의 차가움까지 받게 될 때는 그 상처가 배로 느껴지는 것 같다. 그래서 나는 프로 FP는 통장의 숫자로 에너지를 얻고, 그 에너지를 자존감에 실어서 일을 더 열심히 한다고 생각한다.

노동으로 하는 일에는 시간적·육체적 한계와 더불어 수입의 한계가 반드시 있다. 하지만 번득이는 아이디어로 하는 사업이라든가 영업의 경우는 그 수입의 한계가 없으며, 꼭 오래 일해야만 많은 수입을 가져가는 것만도 아니다. 주로 프로의 세계가 그러하다.

연예인들도 수입이 천차만별이다. 어떤 연예인은 1분 광고로 수십억을 받기도 한다. 그것은 프로 세계에서 자신을 상품화하는 데 성공한 대가이기 때문이다. 유명 야구선수들의 놀라운 연봉도, 만약에 노동 시간에 비례해서 주는 급여의 구조였다면 나올 수 없는 크기의 숫자이다. FP의 일이 힘들지만 상위 1%들이 받아 가는 수입은 가히 놀랍다. 이런 것들이 FP들의 매력이 아닌가 싶다.

"돈을 벌려면 돈이 도는 곳에 있어라." 이런 이유에서 통장의 숫자는 그냥 숫자가 아니다. 나는 그것을 '자존감'이라고 한다. 누구나 자존감이 떨어지는 것은 원치 않는다. 높은 자존감을 위해 다시 한번 비상해 보자. 통장의 숫자기 달라질 것이다. 여러분들의 자존감은 그로 인해 높아질 것이고, 롱런의 이유가 될 것이다.

Chapter

04

FP 曰

**상담을 어떻게 해야
할지 모르겠어요**

·

지은이 曰

**자석상담기법 five를
알려 드릴게요**

살면서 깨닫는 놀라운 진리는 대단하지 않은 것에
대단함이 숨어있다는 것이다. 자석상담기법은 그런 것이다 고객과의 초회 면담은 항상 긴장된다. 모르는 누군가를 처음 만나 성공적인 상담으로 이끌어 가야 하기에 많은 생각을 할 수밖에 없는 단계이다. 그래서 FP는 상담을 잘하기 위해 금융 공부, 상품 공부, 신문기사나 자료 준비, RP 연습, 외모 꾸미기 등의 많은 노력들을 기울인다. 그러면서도 "상담을 어떻게 해야 할지 모르겠어요."라고 말한다.

너무 어렵게 고차원적으로 생각하지 말자! 우리가 어떤 사람에게 마음이 끌렸는지, 우리가 어떤 마음이 들었을 때 물건을 구매했는지를 생각해 보자. 분명 뭔가에 끌려서 구매 행위를 했을 것이다. 이번 장에서는 그런 자석과도 같은 끌림을 배워 보자.

살면서 깨닫는 놀라운 진리는 대단하지 않은 것에 대단함이 숨어 있다는 것이다. 자석상담기법은 그런 것이다. 콜럼버스가 아메리카 대륙 탐험이 뭐 별거냐고 시비 거는 사람들에게 달걀 세우기를 제안했고, 아무도 하지 못하자 달걀의 밑을 깬 다음 달걀을 세워 모든 이의 입을 막아 버린 일화처럼 자석상담기법도 대단한 새로운 무엇이 아니다.

하지만 "뭐야, 저거 다 아는 거 아냐?"라고 생각하는 순간, 여러분들은 정말 대단한 것을 놓치게 된다는 사실을 명심하라!

자석상담비법은 고객을 당기는 다섯가지 매력이다.

첫째: 주도권은 양치기의 개와 갈고리로
(말은 적게 하되 주도권을 뺏기지 마라)

– 상담의 재해석

FP가 하는 상담은 언뜻 보면 보험에 대한 이야기나 돈에 대한 이야기를 하는 것처럼 보일 수 있다. 아니, 실제 많은 FP들이 고객을 만나면 그런 이야기를 나누고 있다. 그런데 고객이 원하는 상담이 과연 이런 것일까?

돈과 보험 권유에 관한 이야기는 상당히 차갑고 메마르다. 사람들은 차갑고 메마른 것보다 촉촉하고 따스한 것을 좋아한다. 그래서인지 사람들은 차갑고 냉철한 사람보다는 따뜻하고 정이 있는 사람들을 좋아하게 되어 있다. 상담에 대한 의미를 다시 한번 해석해 볼 필요가 있다. 그렇다면 우리의 상담은 어때야 할지 생각해 보자.

우리는 첫 만남을 통해 고객을 알게 되고 고객이 최종적으로 제안을 받아들일 수 있도록 해야 하는 사람들이다. 즉 고객이 니즈를 갖는 것에 그치지 않고 실제 액션을 취하도록 하는 사람들이다. 기본적으로 사람들은 자신이 좋아하는 사람들의 말을 잘 듣는다. 그리고 매력이 느껴지는 사람과는 또 보고 싶어 한다. 우리는 새로운 고객을 만나서 이야기를 나누고 다음에 또 보자는 제안을 해야 하는 사람이다. 그러면 답을 찾았는가?

그렇다. 고객이 나를 좋아하도록 만들고, 매력이 있는 사람으로 여기게 하면 된다. 그럼 이제 "사람들은 어떤 사람을 좋아하지?", "어떤 사람이 매력이 있는 사람일까?"를 생각해 보자. 나의 경험상 고객들은 자신이 자꾸 말할 수 있도록 해 주는 사람을 좋아하는 것 같았다. 또 밝은 이미지의 긍정적인 사람, 대화를 즐겁게 나눌 수 있는 사람을 좋아하는 것 같았다.

그러면 FP가 찾아와서 보험을 권유하고 돈 이야기를 한다면, 고객이 즐거운 대화라고 생각을 하겠는지를 생각해 보자. 이제 답이 나온 것 같다. 처음 만난 사람과의 상담에서 다음 상담으로 진행하며 계약 체결까지 해야 하는 FP들은 고객이 즐겁게 자기 이야기를 많이 하도록 해 주어야 한다. 고객들과 상담을 많이 하면서 알게 된 것은 많은 사람들이 자신의 이야기를 하고 싶어 한다는 것이다. 그래서 그런 이야기를 잘 들어 주는 것만으로도 그 시간을 만족해 한다는 사실을 알게 되었다.

현대를 살아가는 우리는 마음 한편이 언제나 외롭다. 여럿이 모인 자리에서의 웃음 속의 외로움도 있고, 퇴근하고 잠시 쉰다는 생각에 홀로 앉아 빈방에서 쭈그리고 있을 때 느끼는 외로움이 누구에게나 있는 것 같다. 그래서인지 가끔은 친한 사람에게 오히려 속내를 털어놓지 못하는 경우도 있고, 같은 직장에서 365일 중 빨간 날만 빼고 만나는 옆자리의 동료에게도 말하지 못하는 개인적인 이야기를 처음 만난 FP와의 대화에서는 하기도 한다. 그들이 친구가 없고 가족이 없어서가 아니다. 가까운 사람이라 말할 수 없는 것들이 있을 수도 있고, 매일 보는 사람이라 말할 수 없는 것들이 있기에 가슴속에 쌓아 두는 것인데 "임금님 귀는 당나귀 귀!"라고 땅을 파고 외치듯이 어딘가로는 그 마음을 표출해야 함에 그 대상이 우리 FP가 되는 경우가 많다.

여기서 주의해야 할 것은 고객과의 대화가 수다인지 상담인지를 구별해야 한다는 점이다. FP는 고객에게 재정 컨설팅을 해 줄 수 있는 사람이다. 표면적으로는 돈이라는 것을 숫자에 의지해서 나누는 일을 한다고도 할 수 있지만 FP의 일이 매력적일 수밖에 없는 것은 그 일 속에 사랑이 들어가고 마음이 들어가기 때문이다.

우리는 고객의 삶에 대한 이야기를 나눔과 동시에 돈과 금융에 대한 이야기를 나누어야 한다. 또한 상담으로 끝이 아니라, 최종적으로는 계약이라는 결과물을 창출해야 하는 고된 과정을 거쳐야 하는 사람들이다. 따라서 우리의 상담이 고객과의 인생이야기에서 끝난 채 헤어진다면 수다와 다름이 없게 된다. 또 고객에게 돈과 금융에 대한 이야기만 전달하고 왔다면, 그 상담은 정보만 주고 온 것이다.

우리가 해야 하는 상담은 이 두 가지가 적절히 잘 이루어져야 한다. 그럼과 동시에 계약 체결까지 이루어져야 한다. 그러기 위해서는 앞에서 말했듯이 고객이 자신의 인생 이야기를 한가득 이야기 보따리 풀듯이 말하고 싶도록 만들어 주는 것이 선행되어야 한다.

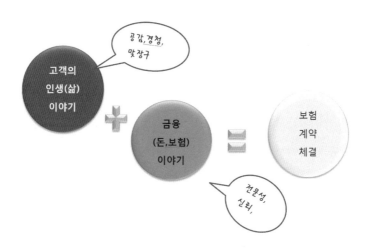

Chapter 4 FP 曰: 상담을 어떻게 해야 할지 모르겠어요/지은이 曰: 자석상담기법 five를 알려 드릴게요

고객과의 대화에서 들어 주고 질문해 주는 FP가 공감도 크게 해 주고 경청하면서 맞장구도 잘 쳐 줘야 고객은 더 신이 나서 자신의 이야기를 한다. 그래서 초회 면담에서 중요한 한 가지가 '공감적 경청'이다. 사람은 자신의 말을 잘 들어 주는 사람에게 이야기를 많이 하게 되어 있다. 그러므로 고객과의 공감적 경청이야말로 고객으로 하여금 많은 이야기를 듣게 해 준다.

"상담은 1.2.3화법을 사용하여 진행하라."는 말이 있다. 1.2.3화법은 'FP는 한 번 말하고 고객은 두 번 말하게 하고 FP가 세 번의 맞장구를 치라'는 것이다. 만약에 상담 시 FP가 많은 말을 하고 고객이 계속 묵묵히 듣고 있다면 그 상담은 실패다. 말 많은 FP의 말을 다 듣고 있는 고객은 마음속으로 '이 사람은 다시는 만나지 말아야지. 내가 왜 여기서 보험 설교를 듣고 있는 거지?'라고 생각하고 있을 것이다.

잊지 말자! 고객은 자신의 이야기를 잘 들어 주고 자신이 가지고 있는 고민들을 해결해 주기를 바란다. 성공적인 상담은 고객이 많은 말을 하도록 하는 것이다. 하지만 이런 상담이 수다로 끝나지 않으려면 FP의 전문적이고 신뢰감이 가는 영역에 대한 것들이 상담 중에 표출되어야 한다. 이런 상담이 다음 만남에서 적합한 제안서를 제시하면서 계약으로 이어지는 것이다.

잊지 말자! AP 상담의 시작은 고객의 이야기를 잘 들어 주는 경청! 바로 이 작은 것에서 시작된다.

당신 참 괜찮은 FP네요!

- 상담의 주도권

질문) 다음의 다섯 사람 중에서 상담의 주도권은 누구에게
　　　있을까?

- 언변이 좋아서 말을 유창하게 잘하는 사람
- 다른 사람에게 많은 이야기를 하고 있는 사람
- 듣고만 있는 사람
- 목청이 큰 사람
- 적절한 질문을 잘하는 사람

정답은 마지막에 있는 '적절한 질문을 잘하는 사람'이다. 왜
그런지 살펴보자.

첫 번째의 사람은 달변가이다.

언변이 좋은 달변가는 어디서든 주목을 받는 것이 사실이
다. 그런데 FP가 너무 언변이 좋은 사람이라면 고객의 입장
에서는 신뢰를 하지 않는다. 영업인이 언변이 뛰어나다는 것
은 간혹 사기꾼처럼 느껴질 수 있어서 고객은 경계를 하게 되
는 것이다. 무언가를 구매해야 하는 고객의 입장에서는 잘못
구매하지 않으려는 심리적 무게가 항상 있다. 특히나 보험처
럼 눈에 보이지 않으면서 수십 년간 수천만 원 이상의 돈이 지
출되는 것에는 더욱 그렇다. 따라서 너무 말을 유창하게 하는
것보다는 고객의 이야기를 들어 주는 사람이 더 신뢰가 가고

주도권을 잡을 수 있다.

두 번째의 사람은 말이 많은 수다쟁이다.

여러 명이 모인 곳에서 말을 많이 하는 사람이 마치 그 모임을 주도하는 것처럼 보일 때가 있다. 그러다 보면 그 사람이 주도권을 쥐고 있는 듯 생각할 수도 있으나, 잘 보라. 그런 사람은 오히려 실속이 없다. 노래방을 갔을 때 혼자만 마이크를 쥐고 놓지 않으려는 사람이 있다. 주변 사람들은 그 사람의 노래를 듣지만 그 사람에 대한 호감은 없을 것이다. 왜냐하면 다른 사람에 대한 배려가 없기 때문이다. 혼자서 많은 이야기를 한다는 것도 마찬가지로 타인에 대한 배려가 없는 것이다. 우리는 고객에게 호감을 잃으면, 두 번의 만남 기회가 오지 않을 수도 있다. 우리의 상담은 절대 우리가 말이 많으면 안 된다. 만약 상담을 하고 돌아섰는데 내가 오늘 너무 말을 많이 해서 힘들다는 생각이 든다면, 그 상담은 실패한 거다.

세 번째의 사람은 듣고만 있는 사람이다.

내성적인 사람일 경우가 대부분이며, 대화나 상담에서 경청은 중요하지만 말없이 듣기만 하는 사람은 주도할 수가 없다. FP가 고객과의 대화에서 조용히 듣기만 하고 고객이 일방적으로 말하고 있다면 고객의 팩트나 생각들을 알 수가 없다. 즉, 듣고만 있어서는 고객을 주도적으로 이끌 수가 없다는 것이다.

네 번째의 사람은 시끄러운 사람이다.

목소리가 작은 사람보다 큰 사람이 주의집중을 더 잘 시키는 것은 맞지만, 그렇다고 해서 주도권을 가지고 있다는 것은 아니다. 대부분의 사람들은 시끄러운 사람을 싫어한다. 너무 시끄러운 사람의 소리는 소음과도 같기 때문이다. 싫어하는 사람이 어찌 주도를 할 수 있겠는가.

다섯 번째의 사람은 경청을 잘하는 사람이다.

적절한 질문을 할 수 있다는 것은 경청이 되지 않고서는 할 수가 없다. 결국 상담을 할 때 주도권을 가진 사람은 적절한 질문을 할 줄 아는 사람이다. 적절한 질문을 한다는 것은 상대의 말에 귀를 기울이고 있다는 의미를 담고 있다. 즉, 경청을 하고 있어야만 그에 맞는 질문을 할 수 있기에 이 사람이야말로 주도권을 가진 사람이다.

FP는 고객의 팩트를 얻기 위한 질문을 하고 고객이 말하도록 자리만 만들어 주면 된다. 고객이 말을 많이 하도록 하는 것은 공감과 경청, 맞장구를 잘 치는 것이라고 했다. 이렇게 질문을 하고 고객이 말하도록 하는 것이야말로 제대로 된 상담이라고 할 수 있다.

대신 말이 많은 고객의 경우 이야기가 흩어지지 않도록 주도하는 것이 중요하다. 나는 이 상황을 목장의 개가 양 떼를 몰아가는 것과 같다고 표현한다. 양떼들은 대부분 한 방향으로 몰려 다니지만, 그중 몇 마리들은 항상 무리에서 이탈해서 마음대로 가려고 한다. 이 이탈자를 무리들 속으로 몰아넣는 역할을 양치기 개가 하고 있다. 이리저리 쉬지 않고 뛰어다니면서 이탈한 양들을 모는 것이다.

수다스런 고객은 질문의 요지와는 상관없는 이야기가 끝도 없이 펼쳐진다. 핵심과는 상관도 없는 이야기들이 마치 양들이 이탈하듯 뻗어 나가는데, FP는 경청을 해야 하기 때문에 맞장구를 치며 똘망똘망한 눈으로 고객을 응대한다. 이러다 보면 고객은 더 신이 나고 이야기는 산으로 들로 가기 마련이다. 이 순간, FP의 머리는 쉬지 않고 화제를 전환할 타이밍을 잡으려고 하지만 초보 FP의 경우 쉽지가 않다.

'지금쯤 화두를 바꾸어야 하는데…….', '이제 이야기를 끊고 보험의 니즈를 좀 이야기해야 하는데……' 하는 생각들로 머리가 복잡하다. 그럴 때는 양치기 개를 떠올려라. 아무 곳으로나 가려는 양들을 몰아가려는 방향으로 좌우를 뛰어다니며 몰지 않던가. 자신이 양치기 개라고 생각하고 용기를 내서 이렇게 질문해 보라.

"아~참! 그때~~~라고 하셨잖아요?"
"아~참! 혹시 ~~들어 보셨어요?"

적기 적소에 화제를 바꾸어야 할 때, 이 말을 시작으로 고객의 수다를 잠시 잠재워라. 이렇게 FP가 이끌어 가는 방향을 잃지 않도록 새로운 질문을 통해 화제를 바꿈과 동시에 이야기를 자연스레 자를 필요가 있다. 그렇게 이야기의 중심을 놓치지 않도록 하는 적절한 질문이야말로 주도권을 가진 FP만이 할 수 있다.

– 질문의 힘

이처럼 질문은 상담의 주도권을 가질 수 있을 만큼이나 대단한 힘을 가지고 있다. FP는 이런 질문을 통해서 고객의 마음속 이야기를 듣게 되고, 고객의 팩트를 알 수 있게 된다. 질문을 어떻게 하느냐에 따라 고객은 자신의 마음속 이야기를 말하고 싶어질 수도 있으며 말하고 싶지 않을 수도 있다. 따라서 질문은 고객의 마음을 열 수 있는 열쇠와도 같다. 우리는 이 열쇠를 어떻게 잘 사용해야 할지를 알아야 한다. FP가 현장에서 해야 할 질문들이 많이 있겠지만, 다음의 네 가지질문은 반드시 하도록 하라.

1. 지금 하고 있는 저축에 만족하시나요? (문제 질문)
2. 고객님의 최우선 니즈는 ○○○이라고 하셨는데 맞으시나요? (최우선 니즈 확인 질문)
3. 이 부분은 제가 제안해 드려도 될까요? (문제 해결 질문)

4. 경제적인 결정권은 누가 가지고 계시나요? (상황 질문)

다 들어 본 뻔한 질문인가? 그럼 현장에서 실제로 얼마나 사용 하고 있는지 생각해 보라. FP들을 교육하면서 느끼게 된 것이 있다. 피교육자가 "그거 아는 거야."라고 받아들이는 것들 중에 정작 제대로 아는 것이 없더라는 것이다. 엄마가 아이에게 하는 잔소리 같은 말에 대해 아이는 맨날 하는 다 아는 이야기로 받아들이지만, 정작 스스로가 실천을 하고 깨달을 때 비로소 그 말의 효과를 알게 되는 것과 마찬가지다.

아마 이 책을 읽고 있는 분들 중에는 "다 아는 거네!"라고 별것 아닌 것처럼 생각하시는 분도 분명 있을 것이다. 세상에는 대단한 것이 대단한 게 아니라 소소한 것이 대단한 효과를 품고 있는 것들이 많다. 나는 이 질문들이 그런 효과를 품고 있기에 대단하다고 생각한다. 질문만 잘해도 우리는 상담을 성공적으로 이끌 수 있다.

"지금 하고 있는 저축에 만족하시나요?"에 대한 문제 질문은 고객 스스로가 문제의 심각성과 불만족을 느끼도록 해 준다. 그래서 잠재되어 있는 니즈를 고객이 직접 말하도록 해 준다.

"최우선 니즈는 ○○○이라고 하셨는데 맞으시나요?"라는 질문은 고객과의 합의점을 도출하기 위한 확인 질문이다. 그 합의점 도출이야말로 다음 단계의 방향을 제시해 주는 결정적인 요소다.

"이 부분을 제가 제안해 드려도 될까요?"라는 질문은 문제 해결을 나를 통해서 할 수 있다는 가능성이 내포되어 있어서 고객으로 하여금 문제 해결 가능성의 기대를 갖게 한다.

마지막으로 "경제적인 결정권은 누가 가지고 계시나요?"라는 질문을 함으로써 FP는 클로징의 방향을 잡을 수 있고, 일의 스텝을 줄일 수 있다.

나는 고객과의 재무상담에서 이 네 가지의 질문을 오랫동안 사용해 왔다. 물론 사투리가 섞인 말투였지만 말이다. 하지만 그것이 오히려 세련된 느낌과 친근함으로 고객에게 다가가지 않았을까 생각된다. 나는 이 질문의 힘을 알기 때문에 FP들이 상담에서 꼭 이 질문을 사용하기를 권한다. 이제 이 질문에 대해 하나씩 더 자세히 살펴보도록 하자.

1. 지금 하고 있는 저축에 만족하시나요?

이 질문은 목적자금을 설계하려고 할 때 주로 사용하는 질문으로 저축보험이나 연금보험을 권유하려고 할 때 사용하기 좋은 질문이다. "지금 하고 있는 저축에 만족하시나요?"라고 물으면 대부분의 사람들이 "아니요."라고 대답할 것이다.

지금 하고 있는 저축에 만족하시나요? – 아니요.

이 경우는 고객이 왜 만족 못하는지에 대해 알아야 한다.

이것이 우리가 주고자 하는 니즈를 줄 수 있는 핵심이다. 고객에게 물어보라. **"무엇 때문에 만족을 못하시나요?"**

그 대답은 두 가지다. 하나는 **저축하는 크기**가 너무 작아서 불만인 경우이고, 또 하나는 저축 크기는 만족스러운데 **수익률**이 불만인 경우다. 어떤 것이든 고객의 입에서 저축에 대한 불만이 나왔다는 것은 FP가 해 줄 수 있는 액션이 있다는 것이다. 하나씩 보도록 하자.

첫 번째 **저축의 크기가 작아서** 불만인 경우다. 저축의 크기가 작은 것이 불만이라면, 저축의 크기를 키워 주면 된다. 일단 도대체 얼마를 저축하기에 불만인지 아는 것이 중요하다. 황당하게 월 1,000만 원을 저축하면서 불만을 표시하는 고객을 우리가 만날 확률은 거의 없을 것이다. 고객에게 얼마를 저축하고 있는지 물어보고, 재정상담을 더 진행하여 불필요하게 지출되는 돈을 잡아서 저축의 크기를 키워 주면 된다. 이때는 재무설계의 기본적인 지식이 수반되어야 하며, 고객이 놓치고 있는 새어 나가는 돈을 잘 잡아 주는 것이 중요하다.

이때 주의해야 할 것은 고객이 중요하게 생각하는 가치는 건드리면 안 된다는 점이다. 예전에 고객에게 저축을 권유할 때 사용한 화법들 중에 담뱃값이나 술값, 커피 한 잔을 줄여서 돈을 모으자는 화법들을 사용하였다. 예를 들면 커피 한 잔, 술 한 번 혹은 금연을 통해서 그 돈으로 저축을 가입하면 10년 뒤 복리로 굴려서 ○○만 원이 되니, 이번에 한번 그렇게 해 보자는 식의 권유이다.

그런데 그들의 생각은 다르다. 아침에 눈 뜨자마자 나가서 마시는 그 커피로 행복한 하루가 시작되고, 일주일의 힘든 직장생활의 스트레스 해소가 술자리인데 그것마저 하지 말고 돈을 모으라는 말이 먹히겠는가? 미래의 준비도 중요하지만 현재 각자의 삶에서 차지하는 그 소박한 행복마저 없애면서까지 돈을 모은다면 너무 슬프지 않을까?

아이들이 어릴 때 대부분의 부모들은 그 아이들에게 많은 것을 경험하게 해 주고 싶기 때문에, 힘들지만 주말에도 나들이나 야영을 통해서 부모의 역할을 하려고 한다. 그 속에서 부모로서의 행복함을 느끼기도 한다. 그런 가정을 상담하면서 매주 여행이나 야영을 통해 지출되는 비용을 줄여서 보험으로 가입을 하라고 하는 것 또한 그들 삶에서 중요하게 생각하는 가치를 건드리는 상담이다. 이런 상담에서는 계약이 나오기 어렵다. FP는 고객의 가정에 저축의 크기를 늘려 주더라도 절대로 고객이 중요하게 생각하는 가치를 맘대로 없애는 플랜을 짜서는 안 된다.

두 번째, 저축의 크기는 만족스럽지만 **수익률**이 불만인 경우다. 이런 경우에는 더 나은 수익률을 가질 수 있는 형태로 포트폴리오를 바꾸어 주면 된다. 이 경우 주의해야 할 것이 있다. FP가 마음대로 투자의 위험을 결정한다든가 목표 수익률을 정해서는 안 된다. 아이러니하게도 사람들은 수익률이 높기를 원하지만, 자신의 돈이 손실되는 것은 허용하지 않는다.

이 경우도 역시 고객이 수용할 만한 정도의 위험이 어느 정도인지를 파악하는 것이 우선이며, 포트폴리오를 보험으로만다 가져오는 형태를 취해서는 안 된다. 기간에 따른 돈의 커팅과 안정자산과 투자자산의 비율에 따라서 금융권의 상품들을 골고루 활용해 줄 수 있어야 한다. 그렇기에 FP는 전문적인 자신의 영역이 넓어야 하며, 다양한 자격을 구비하여 고객에게 직접적인 서비스를 제공해 줄 수 있어야 한다.

저축에 만족하시나요? - 예.

혹시 처음에 한 질문에 고객이 저축하는 것에 만족한다고 대답하더라도 당황하지 마라. 우리는 또 질문을 하면 된다. 어떤 부분이 그렇게 만족스럽느냐고 물어보라. 그러면 열이면 열 "이 정도 저축하면서 살면 됐죠, 뭐."라는 식의 답을 할 것이다.

이런 대답을 하는 경우는 고객이 FP와 더 이상 그런 이야기를 나누고 싶지 않으며, 그런 질문에 진심으로 대답을 하고 싶지 않을 때가 대부분이다. 왜냐하면 저축에 진심으로 만족하는 사람들이 그리 많을 리가 없기 때문이다. 한 달에 천만 원을 버는 사람도 자신의 소비를 걱정하지, 저축을 많이 한다고 생각하지는 않는다.

따라서 저축하는 것에 대해 만족하냐는 질문에 아주 만족한다고 말하면서 더 깊은 이야기를 회피하려는 사람을 만나면, 자꾸 질문을 하지 말고 좋은 이미지로 다음 상담을 기약하며 헤어져라. 그렇다고 해서 그 고객을 버린다는 뜻은 아니다. 다른 날 찾아갔을 때 그 사람의 태도가 전혀 달라질 수 있기 때문이다.

지난번엔 고객이 부부 싸움이나 기분 나쁜 일이 있어서 그 화가 FP에게 퉁명스럽게 꽂혔을 수도 있다. 실제로 개척시장에서 일을 해보면 첫 만남에서 FP가 상처를 받을 정도로 차갑게 대했던 고객이 두 번째 만남에서는 아주 편안하게 웃으며 응대해 주는 경우가 있다. 그래서 나는 잘 알지 못하는 사람과의 새 인연을 만들 때는 나에게 차갑게 한 사람이더라도 버리지 않는다. 적어도 세 번 이상 일관되게 나를 차갑게 대할 때 비로소 버릴 고객인지, 아니면 시간을 가져야 할 고객인지를 판단한다.

가끔은 정말로 저축을 많이 하고 있어서 실제로 만족하고 있는 사람을 만날 수도 있다. 그 사람이 진짜 만족하고 있는 사람인지 아닌지는 현장의 FP가 느끼는 것이 맞을 것이다. 더 말하고 싶지 않아서 만족한다는 대답을 한 고객과 정말 저축이 만족스러워서 대답한 고객을 FP 스스로가 판단할 수 있다는 의미이다.

이렇게 저축하는 금액이 충분하다고 대답한다면 라이프 사이클상의 목적자금을 이야기해 주고 좀 더 효율적이고 다양한 포트폴리오를 제안하고 목적자금의 용도에 맞게 재구성 할 필요가 있음을 알려 주라.

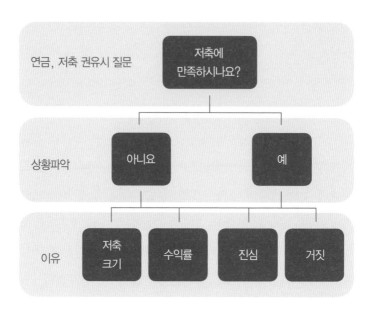

2. 고객님의 최우선 니즈는 ○○○이라고 하셨는데 맞으시나요?

고객을 대면해서 상담이 진행되면 보통 1시간에서 길게는 3시간이 흐르기도 한다. 그 시간 동안 자유자재로 나눈 대화들이 간혹 서로 다르게 머리에 남아, 헤어진 후 가져오는 제안서에 반영되기도 한다. 이런 경우는 계약이 물 건너 가는 경우이다.

예를 들어, 고객이 남편이 아프거나 실직해서 경제적으로 힘들게 될까를 걱정하고, 두 아이를 키우는 것이 힘들다는 수다를 거쳐서 사교육비를 걱정하다가 자신의 노후도 걱정되고, 암에 걸릴까 봐도 무섭다는 등의 이야기를 나누었다고 하자. 그런데 이야기를 다 들은 FP가 고객의 최우선 니즈를 확인하지 않고 다음 상담에 제안서를 그중 하나로 선택해서 가져왔다고 가정해 보자. 다행히 고객의 최우선 니즈와 맞는 것이라면 무난하게 계약으로 이어질 수 있겠지만, 다른 경우들로 제안서를 가지고 왔다면 고객의 거절을 맞을 확률이 상당히 크다. 이 질문 하나만 물어봤더라면 문제될 것이 없었을 것을. 이 간단한 질문 하나가 계약을 체결할 수도 있고, 그렇지 못할 수도 있는 상황을 만들기도 한다.

앞에서 말했듯이 수다스럽게 많은 이야기를 나누는 과정에 FP는 고객의 팩트를 기억해야 하며, 팩트를 얻기 위한 질문들을 해야 한다. 그러면서도 고객의 이야기가 산으로 가지 않도록 양을 몰듯이 몰아주는 등 많은 센스들이 필요하다. 따라서 고객이 하는 많은 말들과 FP가 알아듣고 이해하는 것이 일치하는지에 대한 확인이 반드시 필요하다.

FP의 이해

고객의 말

즉 [고객의 말 = FP의 이해]여야 한다는 것이다.

그러므로 상담의 마무리 부분에서 이 질문은 꼭 해야 한다.

"지금까지 저희가 나눈 대화에서 고객님이 말씀해 주신 고객님의 최우선 니즈는 ○○○이라고 하셨는데 맞으시나요?" 이렇게 긴 상담 동안 주고받은 많은 말들에 대한 요약 확인 질문을 하는 것이다. 우리가 초회 면담에서 고객의 최우선 니즈를 파악하고 헤어져야 계약 체결 확률이 높은 제안서를 고객에게 제시할 수 있다. 이처럼 오랜 이야기를 통해 산만해진 대화 내용을 이렇게 요약하고 최우선 니즈에 합치됨을 서로 확인하는 것은 계약 체결을 위한 중요한 단계이다.

3. 이 부분을 제가 제안해 드려도 될까요?

고객은 많은 고민들을 가지고 있다. 자신의 노후 걱정, 아이들 교육 문제, 사업, 건강, 대출금 등 누구나 살아가면서 가지는 고민들을 가지고 있다. 사람들은 고민이 있을 때 다른 사람들에게 조언을 구하기도 하고 도움을 요청하기도 한다.

FP가 고객하고 나누는 대화들은 다소 무겁다. '당신이 아프거나 다친다면', '가장인 당신이 죽고 없다면', '당신이 너무 오래 살게 된다면' 등의 이야기를 통해 니즈를 전달하는 것이 우선이기 때문에 우리의 대화는 무거운 경우가 많다. 고민을 가진 사람에게 더 큰 고민을 주는 것이다. 그러니 FP가 명함을 들고 오면 불편해하는 것이다.

그러면 고민을 더 키우지 않고 그 고민을 해결해 주면 어떨까? 사람들은 의사나 변호사에 대해 높이 평가한다. 엄마들이 자신의 아이가 공부를 잘해서 그런 직업을 갖기를 바라는 이유가 여기에 있다. 의사나 변호사는 돈도 많이 벌고 사회적으로 인정도 받는 좋은 직업이라는 것에 동의한다. 이들은 왜 그런 이미지로 자리 잡았을까? FP 중에는 이들보다 더 많은 돈을 버는 사람들도 있는데 말이다.

의사나 변호사들의 일을 잘 들여다보자. 의사는 환자의 병을 치유해 줌으로써 환자(고객)의 문제를 해결해 준다. 변호사는 억울하다고 주장하는 사람들(고객)의 문제를 해결해 준다. 이들은 도움을 주는 일을 함과 동시에 전문적인 영역이다 보니 아무나 할 수 없는 일을 하는 사람들이다. FP가 그런 사람이라는 인식이 자리 잡으면, 고객이 찾아오고 줄을 서서 상담을 받으려고 할 것이다.

우습게 들릴 수도 있겠지만, 지금도 내가 가끔 상상하는 것이 하나 있다. 나의 상담을 받기 위해 고객들이 번호표를 뽑고 수십 명이 줄을 서서 기다리다가 그날의 상담이 끝나면 내일 다시 와서 상담을 받기 위해 줄을 서는 상상을 한다. 사실 FP는 고객의 재정적인 문제를 해결하기 위해 도움을 주는 사람이다. 미래에 일어날 불확실한 위험에 대비해 안전장치를 만들어 주고, 살면서 언젠가는 필요로 하는 큰돈을 미리미리 준비하도록 도와주는 일을 전문적으로 하고 있으니, 의사나 변호사와 다를 바가 없음에도 불구하고 우리에 대한 대우는 너무나 다르다.

나는 그 이유를 보험을 전하는 일을 너무 쉽게만 여기는 영업인들 때문이라고 생각하며, FP를 아무나 시작할 수 있게 한 사회 구조적인 문제라고 생각한다. 물론 그 이면에 더 큰 것은 오랫동안 자리 잡은 사람들의 보험에 대한 좋지 않은 인식이 있겠지만 말이다. 어쨌든 FP가 니즈 환기를 한 후에는 그 부분에 대한 해결 또한 내가 해 주겠다는 의사 표시를 말로써 정확하게 하라. 니즈 환기를 하고 가입설계서부터 들이미는 형식이 아니라, 정중하게 고객의 고민을 성심껏 해결해 주고자 하려는 의사 표현을 전달하라는 의미이다.

"고객님께서 가지시고 계시는 고민을 이해하겠습니다. 걱정하시는 이 부분에 대해서 제가 도움을 드릴 수 있는데, 다음에 **이 부분에 대한 제안을 제가 해 드려도 될까요?**"

이렇게 말해 보라. 고객의 입장에서는 자신의 이야기를 잘 들어 주고 이해해 주는 사람이 주는 제안서를 한번 들어는 보자는 마음이 생길 것이다. FP의 입장에서 이 질문은 아주 전문적인 느낌을 줄 수 있는 질문이면서 동시에 다음 상담에 제안서를 들고 오면 들을 의향이 있는지를 확인하는 질문이기도 하다. 즉 2차 PT 시간에 대해 사전에 허락을 구하는 질문이며, 이 질문에 동의한 고객과의 PT는 계약으로 이어질 확률이 높다. 고객과 어느 정도의 합의를 하고 헤어질 수 있는 참 좋은 질문이다.

4. 경제적인 결정권은 누가 가지고 계시나요?

초회 면담 시에 니즈 파악을 하고 제안서를 잘 준비해서 2차 만남을 가진 경우, FP는 계약을 기대하며 정말 열심히 프레젠테이션을 할 것이다. 2시간 동안 열심히 제안서를 설명하고는 '계약이 되겠지?'라고 생각될 무렵, 충격적인 고객의 한마디.

"아내(남편)와 상의해 봐야 되는데요."

우리 전문용어로 이런 거절을 '와상(와이프와 상의)', '남상(남편과 상의)'이라고 한다. 참으로 허탈할 수밖에 없다. 단지 **"경제적인 결정권은 누가 가지고 계시나요?"**라는 질문 하나 하지 않았을 뿐인데 결과는 엄청나다. 물론 FP는 당황한 기색 없이 곧바로 거절 처리를 들어갈 것이다. 하지만 허탈하기 짝이 없다. 배우자와 상의해 봐야 한다는 의미 속에는 정말 상의해야 하는 경우보다는 그 시간의 사인을 피하기 위한 거절 멘트일 경우가 대부분이기 때문이다.

만약 초회 면담 시에 가정에서의 결정권이 누구에게 있는지를 물어보았다면, 이러한 상황을 접할 일은 없다. 즉 거절 하나는 처리한 셈이고 계약 체결까지의 스텝도 줄일 수 있었던 것이다. 경제권이 그 고객에게 있다면 다음 제안서를 가지고 와서 설명할 때도 그 고객을 만나서 할 것이고, 경제권이 배우자에게 있다면 다음 제안서 설명을 할 때는 배우자도 같이 만나서 설명을 하겠다는 것을 결정해서 진행했을 것이라는 얘기다.

이제 어떻게 해야 할까? 두 가지 방법을 선택해야 한다. 오늘 그 자리에 무조건 사인을 받고 후속처리로 그 배우자를 만날 것인지, 아니면 다시 상담 일정을 잡고 두 사람을 대상으로 상담을 진행 할 것인지를 결정해야 한다. 이유는 배우자와 상의한다고 하는 상황을 생각해 보면, 결과는 무조건 배우자가 반대할 확률이 높기 때문이다.

상상해 보라. 남편이 집에 돌아가서 설거지를 하고 있는 아내에게

"나 오늘 보험일 하는 후배를 만났는데, OO보험을 하라고 하던데, 그게 말이야~"

더 이야기를 하기도 전에 아내는

"보험은 무슨 보험! 지금 애 학원 하나 더 보내야 하는데 그것도 못하고 있는데, 세탁기도 오래돼서 빨래를 해도 깨끗하게 안 빨려서 바꿔야 하는데 돈이 없어서 못하고 있구먼."

이라든가, 아니면

"내 친구 ㅇㅇㅇ이 보험하고 있잖아. 내일 내가 물어볼게."

라는 식의 대화로 상품 설명은커녕 말도 제대로 못 꺼내는 경우가 대부분이다. 만약 배우자가 들어준다고 해도 제대로 상품을 전달하지 못하다 보니, 배우자는 반대할 것이 뻔하다.

이번에는 상황을 바꿔, 아내가 퇴근하고 들어온 남편에게

"자기야. 오늘 FP를 만나서 상담을 받아 보니 우리 ○○보험 하나 해놔야 하겠던데, 그게 말이야~"

라고 설명을 하려고 해도 남편의 반응 또한 별반 다르지 않다.

"이 여자가 도대체 생각이 있어, 없어? 지금 내가 회사에서 어떻게 될지도 모르는데 무슨 보험을 또 들어? 우리 집에 보험이 없어?"

그 말에 아내는

"당신은 내 이야기를 왜 항상 잘라? 우리는 이래서 대화가 안 돼. 들어 보지도 않고 화만 내고……."

간혹 이렇게 FP가 보험을 권유했다가 부부 싸움으로 중간에서 불편해지는 경우도 있다. 이런 상황을 피하기 위해서 항상 질문하라.

"누가 경제적인 결정권을 가지고 계시나요?"라고……."

– 갈고리 상담기법

주도권에서 또 하나 중요한 것이 바로 고객의 이야기를 잘 듣고 고객이 내뱉은 말 중에서 상담에 필요한 중요한 말을 찾아내는 것이다. 그리고 그 말에 갈고리를 걸듯이 연관된 질문을 하고, 고객이 하는 대답에서 팩트를 얻는 것이다.

즉, 고객의 말 중 어디에 **갈고리**를 걸어서 그다음 대화를 진행할지를 빨리 생각해서 대화를 진행하는 것인데, 나는 이것을 **'갈고리 상담기법'**이라고 한다. 대화 중 고객이 하는 말 중에서 중요한 말을 놓치지 않고 갈고리를 걸어서 그 말로 다음 대화를 진행하는 것이다. 이것은 무심코 내뱉는 고객의 말속에서도 FP가 필요로 하는 말을 찾아내는 것에서부터 시작된다.

나는 신입 교육 과정을 마칠 때쯤이면 곧 FP가 될 신입 교육생들의 RP 테스트를 진행한다. 그 과정에서 RP 시연을 마치고 피드백을 해 줄 때가 나는 제일 즐겁다. 대개 신입들은 고객의 말을 정말 많이 놓치는데, 이는 자기 갈 방향만 생각하고 있어서다. 예를 들어, FP가 소개받은 고객을 처음 만났다고 가정해 보자.

'첫 만남의 시작에서는 Ice breaking이 제일 중요하다고 교육 중에 실장님이 말씀하셨어. 이 부분을 잘 풀면 고객과의 관계가 한결 편안해지고 마음의 문을 열어서 고객의 팩트를

잘 받을 수 있다고 했어. 그리고 소개자를 잘 활용하면 좋은 관계를 시작할 수 있다고 했어!'

라고 배운 것을 기억하며 신입 FP가 이 부분을 신경 쓰면서 대화를 시작한다.

FP: 안녕하세요, 과장님. 전화로 인사 드렸던 ○○○FP입니다. 목소리만큼이나 인상이 정말 좋으십니다. (중략) 과장님은 이렇게 대기업에 다니시니 걱정도 없으시겠어요?

고객: 그렇지도 않아요. 요즘 평생직장이 어디 있나요? 저도 언제 어떻게 될지도 모르죠. 뭐~

FP: 아, 네~ 참! 그런데 소개를 해 주신 ○○○님과 지난주 축구 모임에서 뵈었다고 들었습니다. 그때 한 골을 과장님이 넣으셨다면서요? 대단하세요.

자, 위의 대화에서 아쉬운 점을 찾았는가? 실제 대화에서는 문제점이 없는 아주 자연스러운 대화일 수 있다. 그런데 FP의 입장에서는 갈고리를 걸 수 있는 좋은 기회를 하나 놓친 것이다. "요즘 평생직장이 어디 있나요? 저도 언제 어떻게 될지도 모르죠 뭐~"라는 고객의 대답에는 FP가 찾아내려고 하는 고객의 문제점이 들어 있었다. 그런데 FP가 고객의 그 말을 귀담아 듣지 않고 Ice breaking에만 신경을 쓰면서 '소개자를 활용하랬지?'라는 생각에 빠져 고객의 중요한 말을 놓친 것이다.

즉, "대기업에 다니셔서 걱정이 없으시죠?"라고 무심코 던진 FP의 질문에 대한 고객의 대답 속에는 고객의 문제점이 들어 있었다. 미래의 불확실성에 대한 걱정과 회사에서 잘릴 수도 있다는 생각으로 인한 불안한 마음이 들어 있는 중요한 말이다. 그렇다면 이런 대답을 들은 경우에는 어떻게 해야 했을까?

> FP: 아, 과장님도 그런 고민을 하시는군요! 많은 분들이 그런 고민을 하지만 저는 과장님의 경우는 높은 연봉에 대기업을 다니셔서 아주 안정적이라 생각했거든요. 그렇다면 과장님은 그런 것에 대해서는 어떤 준비를 하시고 계십니까?

라고 고객이 내뱉은 문제의 말에 갈고리를 걸어 질문을 하고 대화를 끌고 갔어야 한다. 그래서 고객이 어떻게 준비해 가는지 혹은 아무 준비를 못하고 있는지 등의 이야기를 나누면서 팩트를 얻고 좀 더 깊은 내용의 대화를 나누면서 보험으로 이야기를 옮겨 왔어야 한다.

이렇게 고객과의 대화에서 우리는 충분히 상담거리를 찾을 수 있는데, 이처럼 FP가 방향을 미리 설정해 두고 고객의 이야기에 귀 기울이지 못한다면 양치기의 개가 양 떼를 모는 것과 같은 주도는 할 수 없다.

고객과의 상담은 목적지를 설정해 놓고 내비게이션을 따라서 가는 것이 아니다. 대화 속에서 유연하게 진행되는 가운데 FP의 주도로 고객을 이끌어서 데려가는 것이다.

나는 교육센터에서 20분간의 RP테스트를 진행할 때 다음과 같이 시연하도록 진행했다. 고객을 처음 만나서 20분을 상담하는 가운데 Ice breaking, 회사 소개, 본인 소개, 방문 목적, 시간 할애 등을 5분간 진행하도록 하며 15분간은 본 상담을 진행하되 니즈 환기, 고객의 최우선 니즈 발견, 정보동의서 작성 및 ARS 고객 등록, 증권분석 요청, 2가지의 거절 처리, 가벼운 소개 부탁, 다음 상담 일정 잡기를 모두 하도록 훈련시킨다. 이때 니즈 환기에 필요로 하는 자료는 한 장이나 두 장까지만 준비하도록 하고 각자 현장에서 만날 실제 고객을 대상으로 시연하도록 한다.

본 상담의 진행은 좋은 보험에 대한 이야기나 가장의 책임에 대한 이야기를 시작으로 하는 보장성 니즈를 풀어도 되고, 은퇴 후의 삶에 대한 이야기와 노후 준비의 중요성으로 시작하는 연금의 니즈를 풀어 나가도 된다. 또 라이프 사이클을 활용한 목적자금 계산으로, 필요로 하는 최우선 니즈를 찾아가는 상담을 진행해도 되고, 재무상담을 활용하여 돈 관리에 대한 이야기로 풀어 나가도 된다. '15분간 이 모든 것을 신입이 어떻게 다 할 수 있을까?' 하고 의아해하시는 분이 있을 수 있겠지만, 3주간의 프로그램 속에 조금씩 단계별로 가르치고 RP 스크립트 작성 시간에 하나씩 개별적인 코칭을 해 주고 나면, 스스로가 집에 돌아가서 반복 연습을 해 오기 때문에 충분히 가능하다.

교육생 각자에게 꼼꼼한 코칭을 해 준 뒤 테스트 날 시연을 하고 나면, 교육생들과 더불어 아주 섬세한 피드백을 해 준다. 이렇게 섬세한 피드백을 해 줄 수 있는 것은 현장에서 10년 이상 고객을 응대하고 거절도 당해 보면서 온몸으로 알게 된 것들이 있기 때문이다.

이 20분간의 시연을 1시간이나 2시간으로 확장한다고 생각하면, 그것이 바로 현장 AP 상담이다. AP 상담에서 신입들이 가장 잘 놓치는 것이 질문과 경청이다. 특히 경청은 아무리 강조해도 잘하지 못한다. 그러다 보니 시연 후 나의 피드백은 경청을 해야만 걸 수 있는 갈고리를 찾아내 주는 것들이 대부분이다.

상담에서 주도권을 잡는다는 것은 바로 이 갈고리를 잘 걸어서 고객을 알아 가기 위한 다음 질문으로 넘어갈 수 있는 능력이다. 이것은 FP가 가져야 하는 아주 중요한 감각이다. 나는 센스 있는 사람이 영업도 잘한다고 생각한다. 센스 있는 사람이 상대의 마음도 잘 읽기 때문이다. 이와 마찬가지로 상담의 주도권 역시 센스 있는 사람이 잘 잡는다. 만약 그런 센스가 부족하다고 생각 된다면, RP 연습을 꾸준히 하고 냉철한 피드백을 받도록 하라.

질문 1) 상담 중에 왜 갈고리를 못 걸었을까요?
• FP가 먼저 (   )을/를 설정해서이다!

• 고객과의 현장 상담은 (   )을/를 찍고 가는 것이 아니다!

질문2) 상담의 주도권을 잡으려면?
• (   ) 대화를 목적에서 벗어나지 않도록 몰아라!

• 경청과 (   )(으)로 주도하라!

• (   ) 상담기법을 명심하라.

정답(순서대로): 상담의 방향, 내비게이션, 수다스런, 질문, 갈고리

자석상담기법 정리 – 첫 번째, 주도권이다.

FP가 말은 적게 하고 고객이 말하도록 하면서도 상담의 주도권을 쥐고 가는 것이다. 수다스런 고객과의 많은 대화 속에서도 양치기의 개처럼 방향을 잃지 않고, 경청을 통해 고객의 말에 갈고리를 잘 걸고 적절한 질문을 통해 대화를 끌고 가는 것이다. 이 과정을 통해 고객은 FP에게로 자연스레 끌려오게 되어 있다.

02

둘째: 클로징은 당위성과 대중심리로
(고객에게서 당위성과 대중심리를 끌어내라)

- 니즈 심기

뭔가를 심는다는 것은 어려운 것 같다. 땅을 깊숙이 파서 나무를 옮겨 심는 것도 어렵고, 머리카락이 없는 분이 인공 머리카락을 이식해서 심는 것도 어렵고, 나쁜 마음을 가진 사람에게 좋은 마음을 심어 주는 것도 어려운 일인 것 같다. 아마도 심는다는 것 자체가 어려운 일인가 보다.

그런데 FP는 고객의 마음속에 니즈를 심어 줘야 하니 얼마나 어렵겠는가. 화장품을 판매하시는 분들은 성인 여성이면 다 쓰고 있는 화장품에 대해 니즈 환기를 심어 줄 필요가 없다. 단지 현재 쓰고 있는 브랜드에서 더 좋은 기능을 가진 새

브랜드로 바꿀 것을 권유하면 된다. 옷 가게를 방문하는 고객에게 옷을 입어야 한다는 니즈를 심어 줄 필요가 없고, 핸드폰 매장을 방문한 고객에게 핸드폰을 가지고 있어야 한다는 니즈를 심어 줄 필요가 없다. 이들에게는 이런 니즈들이 벌써 들어 있어서 필요로 하는 사람들이기 때문이다. 단지 그들의 취향에 맞게 무엇을 고를 것인가가 고민인 것이다.

하지만 보험은, 특히 생명보험은 이야기가 다르다. 사람들에게 니즈가 없다. 화장품과 핸드폰처럼 니즈가 벌써 들어 있는 사람들과의 영업이 아니라는 것이다. 그래서 소개로 그 자리에 나온 고객일지라도 FP는 니즈를 먼저 심어 주는 대화를 해야만 한다. 우리 일이 어려운 것은 이 때문이다. 그리고 제품을 보여 주고 직접 써 보게 되는 화장품이나 핸드폰과는 달리, 보이지 않는 상품을 팔아야 하다 보니 니즈를 통계 자료나 신문 자료, 사례들을 이용하여 전달하게 된다. 이처럼 보험은 눈에 보이지 않는 상품을 고객 마음속에 보여 줘야 한다는 것이 어렵다.

우리가 신문기사나 통계 자료, 전문가의 말을 인용하는 것은 그들에게 신뢰를 주기 위함이다. 이런 신뢰 속에서 해야 함을 강조한다. 당위성이다. 하지만 고객의 선택은 객관적인 자료를 통해서 이루어지는 것이 아니라, FP라는 사람의 신뢰를 통해서 선택을 하는 것이다. 모든 FP들이 기본적으로 자료들을 고객에게 보여 준다. 그렇기에 결코 좋은 자료의 승부

당신 참 괜찮은 FP네요!

가 아니다. 그래서 고객에게 대하는 태도 말투, 볼 때마다 느껴지는 인간성, 성실함, 이런 것들이 종합적으로 선택의 이유가 된다.

UCLA대학에서 상품 구매의 결정요인에 대해서 발표한 자료에 의하면, 고객이 상품을 구매하게 되는 결정적인 요인이 판매자의 태도에 있다고 한다. 제품의 기능이나 가격, 성능에 의해 결정하는 것은 불과 7%에 그친다. 나머지 93%는 판매하는 사람의 태도와 열정, 성실함, 신뢰도 등에 의해서 구매하게 된다는 것이다.

우리는 항상 고객의 마음을 얻고 움직여야 한다. 그래서 보험의 니즈 전달도 객관적인 자료들에서 시작하지만 결국은 감성적인 클로징이 있어야 한다. 나의 좋은 태도와 실제 일어난 사례의 진정한 전달을 통해 고객의 마음이 움직일 때, 비로소 고객의 손도 움직이는 것이다.

– 하셔야 합니다 VS 하고 있습니다

사람들은 마땅히 그렇게 해야 한다라는 당위성과 누구나 그렇게 하고 있다는 대중심리에 약하다. 사람들은 살다가 뭔가를 선택해야 할 때면 다른 사람들에게 물어보곤 한다. 자신이 내린 결정에 혼자 책임을 져야 한다는 생각에, 혼자 결정하는 것에 대한 두려움이 있기 때문이다. 누군가에게 물어보고 다수의 의견을 수렴하는 것이 안전하다는 생각에, 사람들은 큰 결정에 있어서 주위 사람들이나 전문가나 네이버에게 물어본다. 심지어는 점집에서 답을 찾으려고도 한다.

고객은 어떨까? 똑같다. FP가 권하는 보험을 다른 사람에게 혹은 네이버에게 물어본다. 선택에 있어서도 망설인다. 그래서 FP가 그 망설임을 해결해 줄 필요가 있다. 이것을 '클로징'이라고 한다. 고객은 FP의 제안서를 설명 듣는 내내 고민과 갈등을 한다. 그 제안이 마음에 들어도 손을 번쩍 들며 "이거 지금 사인할게요!"라고 직접 말하는 경우는 거의 없다.

센스 있는 FP는 이런 기회를 고객에게 드린다. 즉, 고객이 자진해서 보험을 선택하는 것이 아니라, FP의 클로징에 의해 선택을 하게 되는 과정을 통해서 FP가 감사하게 생각하게 되는 상황을 고객은 좋아한다. **여배우가 고급 자가용의 차 문을 열지 못해서 앉아 있는 것이 아니다. 누군가가 열어 주기를 바라는 것이지. 그 누군가가 열어 주는 문으로 우아하게 걸어 나오면서 스스로가 귀한 존재이며 대접을 받아야 되는 존재임을 알려 주고 싶은 것과 같은 이치이다.**

그래서 **FP는 열심히 클로징을 해야 한다.** FP가 대충 클로징을 하고 마는 것은 고객에 대한 예의가 아니다.

"~하셔야 합니다."

이것이 고객과 끈으로 연결되는 시작이다. 여기에 하나를 더 하는 강력한 클로징이 있다.

"다른 분들은 다 하고 있습니다."

바로 대중심리를 건드리는 것이다. 증권분석을 제안할 때, 저축이나 연금액을 결정하려고 할 때, 종신보험이나 재무설계를 제안할 때, 소개를 요청할 때, **FP는 '하셔야 합니다'와 '하고 있습니다'를 말하여야 한다. 그렇다면 각 상황별로 알아보자.**

증권분석을 제안할 때

증권분석이 무엇이며 왜 중요한지 그 이유와 당위성을 제시하고 "증권분석은 **꼭 받으셔야 합니다.**"라고 말하라. 그럼에도 고객이 망설일 때는 니즈를 좀 더 심어 주고 이렇게 말하라. "다른 분들도 요즘에 이런 이유들로 해서 증권분석은 기본적으로 **다들 받고 있습니다.**"

연금(저축)액을 결정하지 못하고 있을 때

연금(저축)을 해야 하는 니즈를 심어 주고 나서 **"연금(저축)은 꼭 준비하셔야 합니다.**"라고 말하라. 할 마음은 있는 듯한데 망설이는 고객에게 다시 이렇게 말하라. "~이런 이유들로 (40)대 분들은 기본적으로 (50)만 원 정도의 연금은 **다 준비하고 있습니다.**"

종신보험을 제안할 때

역시 니즈를 심어 주고 **"종신보험은 꼭 하셔야 합니다."**라고 말하라. 망설이는 고객에게 다시 이렇게 말하라. "~이런 이유로 자녀를 두신 가장들은 종신보험 정도는 **다 가입하고 있습니다.**"라고…….

재무설계를 제안할 때

재무설계를 받아야 하는 니즈를 심어 주고 **"재무설계 받으셔야 합니다."**라고 말하라. 망설이는 고객에게 다시 이렇게 말하라. "~이런 이유로 재무설계는 부자들만이 아니라 요즘 대부분의 사람들이 **다 받고 있습니다.**"

소개 요청할 때

소개의 니즈를 고객에게 심어 주고 **"고객님께서 세 분 소개해 주셔야 합니다."**라고 말하라. 망설이는 고객에게 다시 한 번 "제 고객님들은 계약을 하시고 나면 이렇게 세 분을 꼭 소개해 주십니다."라고 말하라.

이렇게 모든 클로징은 **당위성으로 시작해서 대중심리로 마무리하라!**

- 눈으로 보여 줘!

FP로 일을 하다 보면 가방이 무거워진다. 하루에 2~3명의 고객을 만날 때 펼쳐서 이야기할 자료들과 고객에게 드릴 것들로 가방이 가득 채워지기 때문이다. 나는 일을 할 때 고객들이 적어 준 재무설계를 위한 1장짜리 재정시트지 묶음과 보장분석을 해 놓은 증권분석 결과지, 그리고 고객이 적어 준 소개 시트지를 들고 다녔다. 무겁지만 그런 것들까지 들고 다닌 이유는 내 말에 대한 당위성을 눈으로 보여 주고 대중심리를 끌어내기 위해서이다.

예를 들어 고객에게 재무상담을 받도록 권유할 때, 고객이 재정시트지 작성을 망설이는 경우가 있다. 그럴 때 나는 이렇게 말한다.

"저를 만나는 고객들은 재무상담을 받기 위해서 재정시트지에 자신들의 여러 정보들을 이렇게 적어 주십니다."

그리고는 가방에서 재정시트지 묶음을 꺼내 눈으로 보여 준다. 이것은 당신도 그런 것을 적는 것에 대해 불편해할 필요가 없다는 의미 전달의 기능을 한다.

그리고 증권분석을 권유할 때는,

"저에게 증권분석을 의뢰하면 이런 식으로 결과를 한눈에 볼 수 있도록 하여 부족한 부분과 잘못된 부분을 쉽게 파악할 수 있도록 해드립니다."

라는 의미로 증권분석 결과지를 보여 준다. 그 속에는 당신도 고민하지 말고 이들처럼 분석의뢰를 해 보라는 권유가 들어가 있다. 가장 강력한 클로징은 다른 고객들의 실제 증권분석 자료 뭉치를 꺼내서 보여 주는 것이다.

고객들에게 주변인의 소개를 요청할 때 망설이는 분들에게는

"제 고객님들은 이렇게 다들 세 분씩 소개해 주십니다."

라고 말하고, 다른 분들이 작성한 소개 시트지를 보여 준다. 이런 행동들은 현장에서 상당한 설득력을 발휘한다. 망설이던 분들이 그런 자료들을 보고 요청대로 해 주신다는 것을 경험한 나로서는 가방이 무겁더라도 가지고 다닐 수밖에 없다.

사람들은 "다른 사람들 모두가 그렇게 하고 있어요."라는 말에 약하다. 대중심리가 있기 때문이다. 그래서 이런 사실적인 자료들은 당위성과 대중심리를 잘 적용시켜서 상담의 결과를 성공적으로 끌어내는 역할을 한다. 아이패드를 사용하면서부터 가방은 가벼워지고 폼이 나는 듯했다. 그런데 역시 사람들에게는 손때가 묻고 주름 잡힌 종이가 더 큰 설득력을 발휘하는 것 같다. 그래서 나는 다시 가방에 그런 시트지의 묶음을 넣고 다녔다. 대신 그 외의 니즈 자료가 아이패드로 들어가면서 가방은 한결 가벼워졌다.

대중심리를 이용하기에 좋은 때가 하나 더 있다. 고객에게 저축이나 연금을 권유할 때, 가끔은 고객들이 매월 얼마 정도의 금액을 해야 할지 몰라서 망설이는 경우가 있다. 어떤 경우에는 고객이 "다른 사람들은 보통 얼마를 해요?"라고 묻기

도 한다. 그래서 나는 연금이나 저축을 권할 때 망설이는 고
객에게는 고객의 경제 사정을 감안하면서

**"보통 (40)대의 경우 연금은 월 (50)만 원 정도로 계좌를 트십
니다."**

라는 식의 말을 해 준다. 그 뜻은 '고객님 나이의 경우 연금
을 준비할 때 대부분의 사람들이 그 정도는 준비하니까 고객
님도 이제 시작하실 때 그 정도는 하는 것이 좋습니다.'라는
대중심리를 이용한 클로징인 것이다.

여기에 덧붙여서 이렇게 말한다.

"살면서 나중에 더 하자라고 말하지만 실제로 아이들이 커
가고 교육비가 더 들게 되면서, 살다가 연금을 더 가입하기는
쉽지 않습니다. 준비하기로 했을 때 조금이라도 더 해서 계좌
를 트십시오."

동시에 **50만 원짜리의 다른 고객의 가입설계서를 펼치고** 월
50만 원을 모으면 10년 뒤 얼마가 모이는지, 또 연금을 탈 때
는 얼마를 받게 되는지를 눈으로 보여 준다. 물론 이 샘플 가
입설계서는 가기 전에 이때를 위해 미리 준비해 간 것이며 고
객에게는 **"고객님과 같은 연령이신 이 여성분도 이렇게 준비
를 하셨습니다."**라고 클로징을 하는 것이다.

이렇게 고객이 혼자 금액을 결정하기보다는 가볍게 주도권
을 쥐고 이끄는 클로징도 좋은 상담의 스킬이며, 눈으로 보여
주는 것은 아주 강력한 클로징이다.

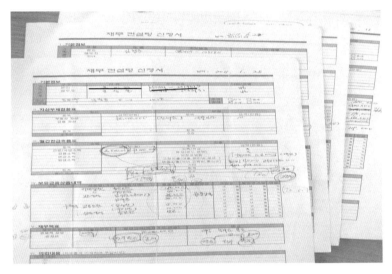

재무컨설팅 신청서

| 분류 | 보험종류 | 난열심 | 난열뜰 | 계약일 | 납입기간 | 보장기간 | 보장자산(만원) | | 질병보장금액(만원) | | | | | | | | 기타 |
							일반사망	재해사망	암진단	암수술	암입원	뇌출혈	심근경색	일반수술	일반입원	실비보상	기타보장
	삼성종신	180.000		2012.8	20년납	종신/80세	5천	1억	3천	3백	10	2천	2천	■	2	실비	장해연금, 골절
보장성보험	삼성종신		140.000	2004.4	20년납	종신/80세	1억	2억	2천	3백	10	2천	2천	10~300	2		교통상해보장
	암보험		30.000	2006.10	20년납	80세			2천	2백	5					실비	골절
	계	180.000	170.000														

증권분석 1시트

당신 참 괜찮은 FP네요!

자석상담기법 정리 – 두 번째, 클로징이다.

고객의 마음속에 가지고 있는 니즈가 FP의 당김을 통해 커지면서 제안을 받아들이는 최종 결정을 하게 된다. 이런 과정에서 자석의 힘을 적용하여, 해야 한다는 당위성과 다들 이렇게 하고 있다는 대중심리를 이용하는 것이다. FP의 주도권으로 끌려온 고객은 좀 더 강력하게 당기는 과정이 있어야만 새로운 선택을 하게 된다. 이런 강력한 당김이 바로 클로징이며, 자석상담기법에서 클로징은 당위성으로 시작해서 대중심리로 마무리하는 것이다.

셋째: 차별성은 스케줄러 속에
(꽉 짜인 스케줄러의 빈 곳이 당신과 보낼 시간이다)

- ○월 ○시의 확정

고객과의 만남을 통해서 다음 상담을 잡거나 증권을 받기로 한 경우는 반드시 ○월 ○시를 확정하여야 한다. FP는 이런 사소한 것 하나를 놓치면서 주도권을 놓치는 경우가 있다. 다음의 두 가지 경우를 살펴보자.

첫 번째, 증권요청을 하는 경우

증권요청 시 반드시 ○월 ○시에 ○○방법으로 달라고 요청해야 한다. 만약 정확한 시간 약속을 하지 않고 다음과 같이 증권을 받기로 하였다면, 어떤 상황이 발생할까?

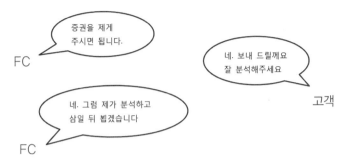

〈○월 ○시의 확정이 없는 증권요청〉

증권을 받아서 증권분석을 하려고 할 때 고객은 니즈가 많지 않은 경우, FP와 헤어지고 나서 일상으로 복귀하고 나면 막상 귀찮다는 생각을 하게 된다. 여기에 막연히 증권을 준다고만 말하고 헤어진 경우라면, 책임의 무게도 없기 때문에 무심코 지나가 버릴 수 있다.

즉, FP에게 증권을 보내지 않는 경우가 발생하는데, 이런 경우 FP는 다시 전화로 증권을 달라는 이야기를 해야 한다. 이런 상황이 반복되면 고객은 짜증나고 귀찮은 맘에 잠수를 타기도 한다. 물론 근본적인 것은 증권분석을 받아 보아야 한다는 니즈가 없어서기 때문일 수도 있지만, 처음 FP와의 약속이 명확하지 않은 탓에 말에 대한 책임감이 없어서이기도 하다.

만약 ○월 ○시 팩스로 증권을 보내기로 고객이 약속을 하였다면, 그날 증권이 안 들어왔을 때 FP는 "○월 ○시에 주시기로 한 증권이 아직 들어오지 않았습니다."라고 당당히 전화기를 들고 말할 수 있다. 그럼 고객은 자신이 정확히 ○월 ○시에 주기로 한 것을 알기에 미안한 마음이 들어 다시 한번 챙기게 될 것이다.

두 번째, 차후 상담 일정을 잡는 경우

고객과의 상담이 끝날 때는 반드시 다음 상담의 일정을 정확히 잡고 헤어져라. 정확한 일정을 잡지 않고 막연히 다시 전화하고 며칠 뒤에 얼굴 보자는 식의 마무리는 고객이 그다음 자리에 꼭 가야 한다는 생각을 하지 못하게 된다. 헤어지고 난 후에 걸려 오는 FP의 전화도 안 받을 수 있다는 것이다. 그 전화가 연결되지 않으면 다음 상담 일정을 잡을 수가 없기에, FP는 마음이 불안하고 초조해진다.

전화를 받더라도 사람들은 얼굴을 마주하지 않은 경우에는 거절을 더 쉽게 한다. 결국 전화 연결은 되었어도 만나지 못할 확률이 크다. 지난번 상담의 마무리쯤에 다음 상담을 ○월 ○시로 잡았으면 깔끔할 것을, 다시 전화하고 며칠 뒤에 보자는 식으로 마무리를 하고 나니 그 일정 잡는 데에 또다시 에너지를 쏟으며 낭비를 하는 것이다.

〈ㅇ월 ㅇ시의 확정이 없는 상담 마무리〉

고객과는 어떤 것이든 명확하게 일정을 잡아라. ㅇ월 ㅇ시!

– 스케줄러 속 나를 담기

FP는 TA(Telephone Approach: 고객과의 만남을 잡기 위한 전화)를 통해서 보통 1~2주일의 스케줄을 미리 잡아 두고 활동한다. 그러다 보니 2주일의 스케줄은 미리 나오는 편이다. 나는 그런 스케줄을 한눈에 볼 수 있는 1년치의 스케줄러를 항상 들고 다녔다. 그 스케줄러의 한 페이지에는 2주간의 일정이 들어가는데, 열심히 활동하다 보면 스케줄러가 꽉 찰 수밖에 없다.

스케줄러 안에는 FP 자신의 활동 그림이 다 그려져 있다. 한 주에 TA를 얼마나 했는지, AP는 몇 번을 했는지, 계약은 몇 건이 되었는지 등의 그림이 자세히 나와 있다. 시간이 한참 지나서 열어 봐도 그때 누구를 만났으며 어떻게 활동을 했는지를 알 수 있다. 그 속에는 시간과 함께 흘러간 내 활동이 고스란히 담겨 있기 때문이다.

FP의 스케줄은 고객의 사정에 따라 변동 사항도 상당히 있어서 나는 주로 연필로 작성한다. 깨알 같은 글씨로 스케줄러가 가득 메워질 때는 행복하게 바쁜 시기이다. 수시로 스케줄러를 펼쳐서 확인하고 빈 공간에는 기억해야 할 것들을 정리해 둔다. 시간이 지나도 그 스케줄러를 펼치면 어떤 날에 누구랑 어떤 상담을 했는지 알 수 있을 정도로 메모를 해 둔다.

물론, 핸드폰에 있는 좋은 어플들이나 메모장을 이용해도 되지만 나에게 있어서는 그 의미가 다르다. 연필로 쓴 사람의 흔적이 있는 그 **스케줄러는 나(FP)의 역사다. 그 역사가 고객의 눈앞에 펼쳐질 때 고객은 그 FP를 대하는 마음이 달라진다.** '아무 때나 내 시간에 맞춰서 만날 수 있는 FP가 아니구나!'라는 것을 감지하게 되는 것이다.

고객과 상담이 마무리될 때 우리는 다음 상담 약속을 잡는다. 대부분의 FP는 양자택일을 활용하거나 고객에게 상담 가능한 시간을 묻고는 거기에 시간을 맞춘다. 고객에게 시간을 다 맞추는 것은 언뜻 보면 고객을 배려하는 것 같지만, 그 이면을 들여다보면 무지 한가한 FP처럼 보이기도 한다. 누군가 가 툭 던지는 날짜와 시간에 항상 올 수 있는 사람이라면, 자신의 일정이 없는 사람일 확률이 높기 때문이다.

당신 참 괜찮은 FP네요!

나는 다음 상담 스케줄을 잡을 때 고객에게 전문적인 이미지를 주기 위해 고객과의 **찻잔이 놓인 테이블 위에 나의 스케줄러를 펼친다.** A4용지 두 장의 크기가 펼쳐지니, 고객의 시선은 당연히 스케줄러로 떨어진다. 그리고 자연스레 고객은 깨알 같은 글씨로 날짜마다 약속이 가득 잡혀 있는 스케줄러를 보게 된다. 이때 나는 말한다.

"제가 이번 주에는 수요일 오후 2시랑 금요일 오전 10시가 비어 있는데, 고객님은 언제가 좋으세요?"

이쯤 되면 고객은 '이 사람은 무지 바쁜 사람이구나. 상담 받으려고 하는 고객들이 많은 것 같고, 이 시간에 안 받으면 많이 기다려야겠구나.'라는 생각을 한다. 그러면서 좀 전에 보여 준 다른 고객들이 적어 준 재정시트지며 증권분석 자료들, 그리고 소개 시트지들과 동시에, 꽉 차 있는 스케줄러를 떠올리면서 FP가 제시한 두 날짜 중 한 날짜로 빨리 잡아야겠다고 생각하면서 약속을 잡게 된다. 이것은 현장 상담 경험으로 알게 된 것이며, 실제 고객들이 그런 생각이 들었었다고 말씀해 주셔서 알게 된 것이다.

FP가 도망가려는 고객의 꽁무니를 쫓아가는 듯한 상담에서는 고객이 주도권을 쥐고 있겠지만, 이렇게 차별성을 가지고 진행되는 상담에서는 FP가 주도권을 쥐게 된다. FP가 현장에서 을의 입장에 놓이는 경우가 많지만, 나는 상담만큼은 갑의 입장(주도권을 쥔)에서 하라고 강조한다. 이런 스케줄러 속에 담

긴 차별성이야말로 또 하나의 강한 당김이다.

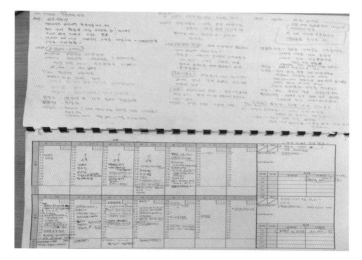

꽉 짜인 스케줄러

- FP 중심인 양자택일의 힘

신입 교육에서 고객과의 상담 약속을 잡을 때는 양자택일을 하라고 배웠던 기억이 날 것이다. "화요일 오후 3시가 좋으세요? 목요일 오전 11시가 좋으세요?" 고객은 만나겠다고 말하지도 않았는데, 이렇게 두 개 중에 하나를 고르라는 식의 질문을 던짐으로써 그중 하나를 선택하게 하는 심리적 방법을 이용한 것이다. 한 드라마에 "나랑 밥 먹을래, 결혼할래?"라고 하듯이 둘 중에 하나를 고르라고 하는 질문을 받으면 순간, 신기하게도 그중 하나를 골라야 한다는 생각이 들면서 고민하게 된다.

만약에 "콩을 먹을 때 젓가락으로 먹나요, 아니면 숟가락으로 떠 먹나요?"라고 물으면, 대부분의 사람들은 둘 중 하나를 골라 대답한다. 콩을 좋아하지 않는 사람이더라도 "전 콩을 좋아하지 않아요."라는 대답보다는 둘 중 하나를 골라 대답하는 경우가 훨씬 많다. 역시 고객과의 상담에서는 사람의 심리를 아는 것이 많은 도움이 된다. 설득을 할 때도, 원하는 것을 얻고자 할 때도, 심리를 알고 대화를 하면 좋은 결과를 얻을 수밖에 없는 것 같다.

FP가 고객에게 "언제 만나면 좋을까요?"를 물어볼 때, 만약에 "고객님, 시간이 언제가 좋을까요?"라고 묻는다면 고객은 만날지 안 만날지를 생각하게 된다. 그런데 "고객님은 화요일 오후 2시가 좋으세요? 수요일 오전 10시가 좋으세요?"라고 묻는다면, 고객은 둘 중에 언제가 나을지를 생각하면서 고르게 된다. 따라서 다음 만남을 가지게 될 확률이 더 높아지는 것이다.

그런데 여기에 FP가 상담을 잘 마무리하고 자신의 스케줄러를 펼치면서 "저는 수요일 3시와 목요일 오전 10시에 시간이 되는데, 고객님은 언제가 되실까요?"라고 묻는다면 어떨까? 고객은 앞에 앉은 FP가 전문적이고 바쁜 사람이라는 생각을 하면서 그에게 시간을 맞추는 쪽으로 결정을 하게 된다. 결국 FP의 일정에 맞추어서 다음 상담 약속이 잡히는 것이다.

이것은 양자택일의 힘과 FP의 주도권이 합쳐서 더 강력한 힘이 작용된 것이다.

기억하라! FP 중심인 양자택일의 힘이 얼마나 강력한지를……

자석상담기법 정리 – 세 번째, 차별성이다.

비즈니스나 마케팅에서의 승부는 작은 차별성에서 나타난다. 고객 주변에는 여러 명의 FP들이 있으며, 보험을 판매하는 채널은 넘쳐난다. 남들과 다른 차별성을 지닌 FP가 간택될 수밖에 없는 이유가 여기에 있다. 차별성의 표현은 다양하게 나올 수 있다. 남보다 빼어난 외모, 뛰어난 말솜씨, 탁월한 금융 지식, 강력한 친화력 등 차별성을 지닐 수 있는 것은 많지만 고객이 감동하는 것은 오히려 FP의 성실한 모습일 것이다. 고객과의 시간을 맞추기 위해 식사도 거르고 달려오는 모습이나 빗속에서도 양손에 들린 짐 때문에 우산도 켜지 못하고 다니는 그럼 모습을 볼 때 짠하면서도 그를 돕고자 하는 마음이 생겨난다. 이런 열심인 모습을 스케줄러에 담아 보자. 스케줄러 하나에 나를 담아 표현하는 것이야말로 강력한 차별성이 될 것이다.

넷째: 만남은 시간의 공동 소유자로
(왜 왔는지를 알려 주라)

– 우리가 같이 있는 이유

사람들이 어떤 공간에 같이 있는 것은 대부분 이유가 있어서이다. 모임에 사람들이 같이 모여 있는 것도, 학교에 학생과 교사가 같이 있는 것도 저마다의 이유가 있어서이다. 그들은 불편하지 않다. 서로가 왜 거기에 같이 있는지, 그 이유를 잘 알고 있기 때문이다. 하지만 같이 있는 이유를 알지 못하면서 같이 있다면 마음이 아주 불편하다. 예를 들어 생각해 보자.

아파트 엘리베이터에서 낯선 사람과 단둘이 있는 그 짧은 시간은 좀 불편하다. 나는 집으로 가려고 엘리베이터를 탄 건데, 얼굴도 모르는 상대는 같은 주민인지 아닌지도 모르기 때문이다. 즉, 같은 아파트 사람이라서 엘리베이터를 같이 이용하는 사람인 것을 알면 불편하지 않은데, 상대가 누군지 모르면서 좁은 엘리베이터에 같이 있다는 것은 무섭기도 하고 어색하기도 하다.

하지만 편의점에 물건을 사러 갔다면 이야기가 달라진다. 계산대를 사이에 놓고 점원과 마주하게 되지만, 그들은 불편하진 않다. 왜? 계산대를 사이에 두고 마주하는 이유를 서로가 알고 있기 때문이다. 이처럼 **같이 있는 이유를 아는 것만으로도 경계심은 사라진다.**

고객은 보험사의 명함을 받으면 그 사람을 보험일을 하는 사람으로 생각하고, 보험계약을 하라고 권할 것이라는 생각과 동시에 부담을 가지기 마련이다. 그런 부담을 주지 않으려고 FP 나름대로 금융이나 아이 교육 등 보험 이야기가 아닌 다른 이야기를 많이 한다.

하지만 뭐가 되었든 고객은 마음속으로 '이쯤에서 보험 이야기를 하려나?' 아니면 '언제쯤 보험 이야기를 하려는 거지?'라는 생각을 하면서 FP의 이야기를 듣고 있다. 그러니 FP의 질문이나 이야기에 진심을 다해서 듣기보다는 건성으로 자신을 다 보여 주지 않는 선에서 대화를 하려고 한다든가 아니면 자기는 보험이 많으니 필요 없다는 식으로 거절부터 하고 본다. FP가 보험을 들라는 말도 하지 않았는데 말이다. '영업하는 사람이 가까이 오면 이런 식으로 자기방어를 본능적으로 하는 것인가?' 하는 생각도 든다.

그러면 고객의 마음을 불편하게 하지 않고 대화를 나눠 보자. 그 방법 중에서 가장 편하고 솔직한 방법이 내가 왜 왔는지를 먼저 알려 주는 것이다. 만약 정말로 마감에 임박해서 계약을 체결하러 왔다면 고객에게 솔직하게 이야기하라. "오늘 계약하러 왔다."고…….

하지만 그런 경우가 아니라 일반적인 초회 면담이라면 오늘 내가 사인을 받으러 온 게 아니라 당신과 대화를 나누고 당신의 이야기를 들으러 왔다고 방문의 이유만 정확히 밝히더라도, 고객은 편히 FP와의 대화에 참여할 수 있을 것이다. 왜냐하면 우리가 왜 같이 얼굴을 마주하고 있는지를 알기 때문이다.

- 시간의 공동 소유

시간이라는 것은 흘러가고 있으며 누구의 소유도 아니다. 그래서 묶어 둘 수도 없고 빌려 쓸 수도 없다. 이 세상 모든 이가 공동으로 소유하고 있는 것이다. 그런데 신기하게도 시간에 대한 느낌은 사람들마다 다르게 온다. 나이가 많아질수록 같은 시간이지만 빨리 지나간다고 느낀다. 좋아하는 일을 할 때도 시간이 너무 빨리 가는 것 같다는 생각이 든다. 반대로 있기 싫은 곳에서의 10분은 한 시간과도 같게 느껴지니, 수학에서 배운 시간의 정확한 간격이 우리 삶에서는 다르게 적용되나 싶다.

고객과 마주하고 있을 때, 서로는 그 시간을 공동으로 소유하고 있는 셈이다. 그 말은 서로의 기운에 따라서 고객이 같은 시간이지만 지루하게 기억될 수도 있고, 즐거운 시간으로 기억될 수 있다는 것이다.

같이 있는 시간 가운데 어떤 때가 가장 즐거운지 생각해 보라. 아마도 좋아하는 사람과 보내는 시간일 것이다. 사실 그런 시간을 보낼 때는 '세상이 다 얼음처럼 멈췄으면…….' 하고 바라기도 한다. 이와 마찬가지로, 고객에게도 FP와 있을 때 좋은 사람과 있다는 생각이 들도록 해 주면 된다.

물론 사람들의 취향이 다 달라서 만인을 만족시키기 어렵겠지만, 고객이 바라보는 FP의 모습에서 답을 찾으면 될 것이다. 이 부분에 대해서는 구체적으로 언급하진 않을 것이다. 말했듯이 사람들의 취향이 다른 만큼 사람들이 가지고 있는 그 많은 매력을 내가 어찌 글로써 다 적을 수 있겠는가?

내가 전달하고자 하는 것은 **고객과 FP가 그 공간과 시간을 함께하고 있다는 발상을 해 보라는 것이다.** 시간의 공동 소유자로서 FP가 무엇을 어떻게 하면 고객이 같이 있고 싶어질까를 개인적으로 고민해 보길 바란다.

- 마음을 언어로 바꾸라

우리가 보통 프로세스를 진행할 때 초회 면담 시에는 상품이나 보험 가입에 대한 이야기를 하지는 않는다. 왜냐하면 초회 면담에는 고객과의 관계 형성을 통해서 고객의 니즈와 팩트를 알아 가는 것이 목적이기 때문이다. 즉 진단하는 날이지, 처방해서 계약 체결하는 날이 아니라는 것이다. 문제는 FP는 그렇게 생각하는데, 고객은 계약하러 온 것으로만 알고 이야기를 듣는다는 것이다.

이것은 FP가 혼자서 생각만 한 것일 뿐, 고객에게 말해서 함께 공유된 사항이 아니기 때문이다. 만약 오늘 내가 방문한 것은 당신의 이야기를 들으려고 온 것이고 당신과 이야기를 나누려고 온 것이 내 목적의 전부임을 밝히고 이야기를 시작한다면, 고객은 일단 부담과 의심을 내려놓을 수 있다. 그 상태가 되어야만 상담이 진행될 수 있다. 고객이 의심으로 방어벽을 치고 있다면 세 시간을 대화해도 우리는 고객의 니즈와 팩트를 얻어 가지 못한다.

지인영업을 할 때 안부를 물으면서 웃고 밥을 먹다가도 보험회사에 입사했다고 명함을 주는 순간 뭔지 모를 찬 기운과 불편한 기운이 감도는 것은 왜 왔는지 말하지 않았기 때문이 대부분이다. 그러니까 지인은 은근히 계약 목적으로 오랜만에 찾아 온 친구가 내심 꿍꿍이가 있어서 보자고 한 거였구나 하고 실망하게 되거나, 아니면 얼마짜리를 해 줘야 하나를 고

133

민하게 되면서 대화가 어색해지는 것이다. Z시장에서도 우리가 찾아간 이유를 밝히지 않고 다른 대화들을 돌려서 하고 있다면 주도적인 상담으로 이어지기 어렵다. 고객이 불편해서 우리를 밀어내려고 하기 때문이다.

가지고 있는 마음을 고객이 이해할 수 있는 언어로 바꾸어서 말하라. FP는 마음을 언어로 표현함에 익숙해져야 한다.

자석상담기법 정리 — 네 번째, 만남이다.

"우리 만남은 우연이 아니야 / 그것은 우리의 바람이었어."

노래 가사처럼 고객이 우리와의 만남을 바람이라고 생각한다면 얼마나 좋을까. 자석상담기법 네 번째는 초회 면담을 시간의 공동 소유자로 서로에게 좋은 의미를 공유하는 만남으로 만들라는 것이다. 좋은 만남에는 부담이 없어야 하며, 만남의 이유와 열린 마음이 있어야 한다. 만남의 이유를 한 사람만이 알고 다른 한 사람은 추측만 한다면, 불편할 수밖에 없다. 두 사람 모두가 동의한 시간에서 상담을 진행하라.

다섯째: 전문성은 나만의 서비스 영역으로
(자신의 서비스 영역을 밝혀라)

저 사람은 ○○하는 사람(인식)

저 사람은 ○○해 줄 수 있는 사람(이해)

저 사람은 옆에 두고 싶은 사람(요청)

실제 FP의 영역은 무지 넓다. 자격만 갖춘다면 보험, 펀드, 퇴직연금의 판매 외에도 대출이나 전체 자산에 대한 컨설팅도 해 줄 수 있다. 하지만 대부분의 고객들은 FP를 보험을 판매하는 사람으로만 여기는 경우가 많다.

따라서 FP의 역량이 고객의 생각보다 훨씬 넓음을 알려 주라. 이는 첫 대면 시에 자신의 서비스 영역을 밝혀서 고객에게 줄 수 있는 도움이 많다는 것을 알려 주어야 한다는 말이다. 예전에는 FP가 보험만을 판매하다 보니 보험은 FP에게, 투자는 증권사로, 대출은 은행으로 고객이 각각 찾아가서 필요로 하는 것을 상담하고 조언을 구해야 했지만, 지금은 역량 있는 FP 한 사람이면 다 해결된다.

물론 이렇게 자신의 영역을 밝힐 수 있는 FP는 실제로 해 줄 수 있는 영역을 많이 가지고 있는 사람, 다시 말해서 많은 능력을 갖춘 사람이어야 한다. 고객이 우리의 영역이 보험뿐 아니라 은행, 증권, 세무, 노무, 퇴직까지 뻗쳐 있음을 인식하게 되는 순간, 고객의 눈에 우리는 함부로 대할 FP가 아니라 뭔가를 물어보고 조언을 구해 보고 싶은 상담가로 비춰질 것이다.

우리는 고객에게 전하고 싶은 이야기의 중심 알맹이를 전달할 때, 그 이야기를 하기 전에 반드시 고객이 들을 마음의 준비가 되도록 만들어 두어야 한다. 즉, 고객의 마음을 열어 둔 뒤에라야 우리가 전하는 니즈들이 고객 마음속으로 들어갈 수 있다는 것이다. 그 중요한 부분을 잘 푸는지 못 푸는지에 따라 상담의 성공 여부가 결정된다. 베테랑 FP와 상담력이 미흡한 FP의 차이는 바로 여기에 있다.

다음은 현장에서 많은 FP들이 사용하는 라이프 사이클을 심플하게 설명한 그림이다. 누군가가 사용한 것을 토대로 나도 재무설계를 할 때 AP 초기 도입부분의 RP를 나름대로 이

렇게 사용했다. 지금부터 내가 재무상담을 시작하기 전에 고
객에게 사용한 RP를 그대로 풀어 보도록 하겠다.

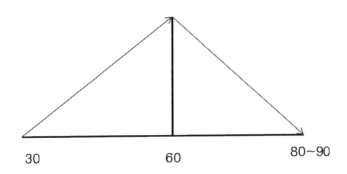

먼저 빈 종이에 위의 그래프를 그리면서 이렇게 이야기한다.

FP: 고객님, 우리가 살아가는 삶의 방식이 어떤 부분에 있
　　어서는 상당히 비슷한 주기를 가지고 있습니다. 태어나
　　서 죽을 때까지의 이런 삶 전체를 그래프로 나타낸 것을
　　'라이프사이클'이라고 하는데요. 수입곡선과 지출곡선
　　의 복잡한 그림이 아닌 심플한 그림으로 설명해 보겠습
　　니다.

아이가 태어나서 보통 30세까지는 부모의 도움으로 살다
가 30세가 지나 경제적으로 독립을 하면서 보통 은퇴를 하는

60세까지 스스로 돈을 모으고 쓰면서 살아갑니다. 그리고 60세 이후에는 약 30년간 노후의 삶을 살아가다가 삶을 마감하는 것이 우리의 라이프 사이클이었습니다. 이런 시대를 '333시대'라고 했는데요, 지금은 라이프 사이클이 많이 바뀌었습니다. 혹시 지금은 무슨 시대인지 아시나요?

고객: 아니요. 잘 몰라요.
FP: 그러시죠. 그럼 '100세 시대'라는 말은 들어 보셨죠?
고객: 네.

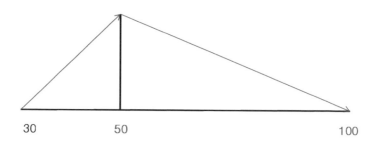

그리고는 두 번째 그림을 그리면서 설명을 하고 질문을 한다.

FP: 지금은 '325시대'라고 합니다. 30세에 경제활동을 시작해서 50세에 은퇴를 하고 50년이라는 긴 노후기간을 보내다가 삶을 마감하는 '325시대'입니다. 라이프 사이클이 과거와는 상당히 많이 달라진 삶으로 살고 있는 거죠.

더욱이 요즘은 청년의 취업이 힘들다 보니 30세가 넘어도 경제적 독립을 하지 못하고 부모 아래서 살고 있는 젊은이들이 상당히 많습니다. 노후의 기간도 '100세 시대'라는 말도 지나서 이제는 '120세 시대'라는 말까지 나오고 있으니, 많은 사람들이 삶에 대한 걱정을 하지 않을 수 없는 것 같습니다.

또한 지금은 금리가 너무 낮아서 20년간의 경제활동으로 모은 돈으로 은퇴 후의 삶을 살기에는 너무 힘이 듭니다. 이처럼 사람이 살아가는 라이프사이클의 속에는 큰 위험이 있는데요. 은퇴 이전의 경제적 독립 시기에는 어떤 위험이 가장 클까요?

고객: 수입이 끊어지는 거겠죠. 죽거나 아프거나 실직하는 거요.

FP: 네, 맞습니다. 가장이 경제적 능력을 상실하게 되는 위험이 가장 크다고 할 수 있습니다. 이 위험 중 가장 큰 위험을 '조기사망(die too soon)의 위험'이라고 합니다.

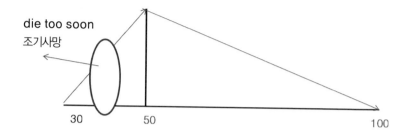

die too soon
조기사망

30   50   100

대화를 하면서 그림으로 설명한 후, 또 질문한다.

FP: 은퇴를 한 이후에는 어떤 위험이 있을까요?

고객: 돈 없이 오래 사는 거죠.

FP: 네, 맞습니다. 예상보다도 너무 오래 살게 되는 위험이
    있습니다. 이 위험을 '장기생존(live too long)의 위험'이라
    고 합니다. 과거에는 장수가 축복이라고 해서 동네 잔
    치도 열었던 적이 있지만, 지금은 장수가 또 하나의 위
    험이 되는 시대입니다. 그러다 보니 돈 없이 오래 살게
    되는 것을 재앙이라고도 표현 합니다. 그런 말 들어 보
    셨죠?

고객: 네.

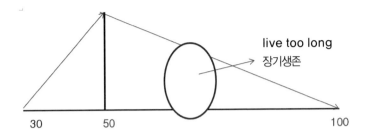

역시 대화를 하면서 그림으로 설명한다. 이렇게 그래프를 그리면서 기본적인 설명을 하였다면 이제 본인이 해 줄 수 있는 영역에 대한 정확한 포지션을 알리고, 고객의 니즈와 관심사를 알 수 있는 질문을 하면 된다.

> FP: 조기사망에 대한 위험은 보통 보험을 준비함으로써 커버를 하고 장기생존에 대한 위험은 저축이나 연금을 통해서 준비할 수 있습니다. **저는 이 두 가지 부분에 대한 고민을 해결하시는 것에 도움을 드릴 수 있습니다.** (자신의 영역 전달) 고객님께서는 이 두 가지의 큰 위험 중에서 어떤 부분이 더 걱정되십니까? (고객의 최우선 니즈를 알아보는 질문)

이 질문을 하면 고객은 조기사망의 위험이나 장기 생존의 위험 중 한 가지 답변을 한다. 그럼 이번에는 각 경우를 어떻게 풀어 나가는지 알아보자.

1. 최우선 니즈가 조기사망인 경우

고객이 더 걱정되는 것이 조기사망이라고 대답을 하는 경우의 대부분은 어린 자녀들을 데리고 있는 가장인 경우가 많다. 이들은 어린 자녀와 아내를 두고 먼저 세상을 떠날 때, 남은 가족들이 경제적으로 힘들게 살아가고 자녀들이 돈이 없어서 공부를 못하게 되는 상황이 올까 봐 두려워하는 마음이 있다.

이 니즈를 더 깊숙이 스토리텔링으로 풀어 주고 그 해결 과정으로 증권 분석을 권유하라. 현재 가지고 있는 보험의 준비들이 그 가족들을 지킬 수 있는 크기인지를 알아보는 점검 과정이 매우 중요함을 인지시켜라. 그리고 증권을 받을 때는 반드시 ○일 ○시까지 어떤 방법으로 증권을 보내 줄지를 각인시켜 두라.

중요한 것 하나! 고개의 니즈가 조기사망이라고 해도 그 고객의 노후 준비는 역시나 중요한 부분임을 알려 주라. 그래서 가볍게라도 당신의 노후 준비에 대한 컨설팅도 향후 수반될 것임을 반드시 알려 주고 헤어져야 한다.

결국 고객의 최우선 니즈는 조기사망이지만 조기사망과 장기생존은 이 세상 사람 누구나 겪을 수 있는 아주 큰 위험이기에 고객에게는 이 두 가지 위험을 모두 준비해 주어야 한다.

2. 최우선 니즈가 장기생존인 경우

오래 사는 위험을 걱정하는 고객과 대화를 나눌 때는 일단 **노후에 고객이 어떻게 살아가고 싶은지에 대한 이야기를 먼저 나누어라.** 장기생존이 걱정이라고 고객이 말하자마자 "옳구나!" 하면서 연금 얼마짜리를 할 거냐며 들이미는 FP보다는 자신이 미래에 살고 싶은 생활에 대한 이야기를 깊이 공감하며 들어 주는 FP에게 마음의 문이 열리게 마련이다.

사람들마다 은퇴 후 나이가 들어 감에 따라 살고 싶은 그림이 다 다르다. 그렇기 때문에 그에 따른 준비 방법도 달라질 수밖에 없다. 나이가 들수록 대도시에 병원이 가깝고 백화점이나 문화시설이 가까이에 있는 곳에서 살아야 한다고 생각하는 사람이 있는가 하면, 나이 들면 도시를 떠나 한적하고 공기 좋은 곳에서 유유자적하게 살고 싶어하는 사람도 있다. 또 어떤 분들은 월 생활비 200만 원이면 충분하다고 생각하지만, 어떤 사람들은 해마다 여행이며 손주들 용돈도 줘야 한다며 아무리 노인이라도 월 생활비가 500만 원은 넘어야 살 수 있다고 생각하는 사람도 있다.

이렇게 사람마다 살고 싶은 노후의 그림이 다른데 어떻게 FP가 자기 생각대로 연금 30만 원 혹은 50만 원짜리 상품을 권할 수 있겠는가? 그래서 일단은 고객이 노후 그림을 어떻게 그리고 있는지부터 감상하라. 그 그림이 현실과 너무 동떨어진 말도 안 되는 그림일지라도 일단은 감상부터 충분히 하라. FP가

감상해 주고 느껴 주는 그 시간에 고객은 FP가 제안하는 것이라면 다 따르겠다는 마음의 문을 열고 있는 중이기 때문이다.

감상을 다 마치면 이제 고객이 준비되어 있는 자산과 현재 얼마 정도의 자금을 노후 준비로 사용할 수 있는지를 질문을 통해서 알아내고 서로 합의하면 된다. 그래서 고객이 한 달에 30만 원 정도면 부담 없이 할 수 있겠다고 한다면, 다음 상담에 가장 적합한 상품으로 제안서를 가지고 오겠다고 해서 약속 시간을 잡으면 된다.

여기서도 중요한 것 하나! 노후 준비가 걱정된다고 하여 연금만 준비해서는 안 됨을 알려 주어야 한다. 즉, 연금을 아무리 잘 준비해도 보장의 준비가 안 되어 있다면 준비된 노후자금이 병원의료비로 지출될 수 있고, 결국 노후자금의 목적으로 준비된 돈들이 병원의료비로 쓰이면서 역시 삶의 질이 추락할 수 있음을 강조하라. 따라서 보장분석에 대한 진행도 동시에 해야 함을 반드시 알려 주고 증권을 받아야 한다.

FP: 장기생존의 위험을 이렇게 준비할 수 있어서 다행인데, 문제는 고객님이 나이 들어서 병원 신세를 져야 할 때에 대한 준비는 되셨습니까? 만약 그 준비가 안 되셨다면, 지금 준비하시는 노후자금이 원래의 목적과는 달리 병원비로 쓰이고 말 것입니다.

한국보건산업진흥원의 조사에 따르면 우리나라 국민 한

사람의 출생 시부터 사망까지 소요되는 생애의료비는 2012년 보건복지부에 따르면 남성은 1억 177만 원, 여성은 1억 2,332만 원으로 조사되었습니다. 그리고 그 생애의료비 중 절반 이상이 65세 이후에 지출되는 것으로 조사되었다 하니, 이 부분에 대한 준비는 정말 중요합니다. 그래서 제가 바쁘지만 고객님이 가입한 보험에 대한 점검도 같이해 드리겠습니다.

이렇게 말하고 **증권분석을 동시에 진행하라.** 보험은 보장의 기능과 저축의 기능을 동시에 가진다. 그리고 우리의 역할은 그 두 가지를 다 해 드리는 것이기 때문에 결국 앞에서도 언급했듯이 고객의 최우선 니즈가 무엇이든지 두 가지 모두의 접근이 가능하다.

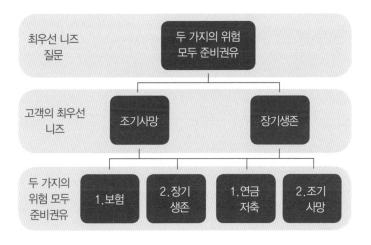

나는 고객 상담 시 빈 A4용지에 이 그림을 그리면서 수월히 재무상담을 진행할 수 있었고, 보장과 저축의 두 마리 토끼를 다 잡을 수 있었던 이 좋은 RP를 공유하려는 것이다. 나는 현장에서 이 RP로 상담한 가정들마다 보장과 자산에 대한 컨설팅을 언제나 같이해 왔었다. 보장 컨설팅이 먼저든 자산관리 컨설팅이 먼저든, 어느 하나가 진행되고 나면 다른 하나도 같이 진행해야 한다. 보험에는 보장과 저축의 두 가지 기능이 있기 때문이다.

이렇게 FP는 고객으로 하여금 보험뿐 아니라 다양한 영역에서 일하는 사람으로 **인식**되어야 한다. 또 고객에게 도움이 되는 무언가를 해 줄 수 있는 사람으로 **이해**되어야 한다. 결국 자신의 서비스 영역을 정확히 밝힘으로써 FP를 옆에 두고 싶어 하도록 **요청**받는 것이 주도적 상담이다.

자석상담기법 정리 – 다섯 번째, 전문성이다.

FP의 일은 전문성이 떨어진다면 오랫동안 일할 수 없다. 전문성은 다른 사람과의 차별성이다. 같은 FP라고 하여도 업무의 영역이 넓고 전문적이라면 고객은 그에게 자석처럼 끌려올 수밖에 없을 것이다. 따라서 다양한 서비스를 해 줄 수 있도록 영역을 넓히고 역량을 키워라. 그리고 고객에게 본인의 서비스 영역을 밝힘으로써 끌어당김을 하여라. 서비스 영역을 밝히지 않는다면 고객은 보험 일하는 사람으로만 여길 것이다. 자신의 전문성을 알리는 것 또한 고객을 끌어당기는 자석 상담기법이다.

Chapter

05

동화로 푸는

5대 자산 이야기

고객과의 상담시 우리가 전하고자 하는 말을
우회적으로 호기심을 유발하여 전달하는 것도 FP가 가져야 할 센스이다 사람이 살아가는 데는 많은 돈들이 필요하다. 살아가는 매 순간 필요한 돈도 있지만, 어떤 돈들은 살아가는 어느 한 시기에 잠시 혹은 지속적으로 필요로 하며 그 크기가 아주 커서 갑자기 준비하기에 어려운 돈들도 있다. 이번 장에서는 그런 돈들에 대한 이야기를 하려고 한다. 그것을 우리는 '인생의 5대 자산'이라고 하며, 보장자산, 주택자산, 투자자산, 비상예비자산, 은퇴자산이 바로 그것이다. 지금부터 이 다섯 가지의 돈들을 동화로 하나씩 풀어 보려고 한다. 현장에서 고객과의 대화 속에서도 위의 다섯 가지의 제목을 툭 하고 던져서 질문을 해 보길 바란다. 그리고 그 질문을 시작으로 인생의 5대 자산의 이야기를 재미있고 흥미롭게 풀면서 고객과 편안한 마음으로 니즈 환기도 하길 바란다.

01

심청이는 왜 공양미 삼백 석에
몸을 팔아야만 했을까요?

첫 번째, 심청이 이야기이다.

FP: 고객님, 아버지의 눈을 뜨게 하기 위해 공양미 삼백 석에 팔려 갔던 효녀 심청 이야기, 다 아시죠? 그런데 심청이가 왜 공양미 삼백 석에 몸을 팔아야만 했을까요? 궁금하시죠? 도대체 공양미 삼백 석이 얼마길래 목숨과 바꿔야 했을까요?

호기심 있는 질문으로 시작해 보자. 쌀 삼백 석은 48,000kg 과 같다. 쌀 20kg의 가격은 4~7만 원대로 가격이 다양한데,

쌀 20kg의 가격을 대략 5만 원으로 잡고 계산하면, 공양미 삼백 석의 가격은 1억 2천만 원이 된다. 지금 우리가 1억 2천만 원이라는 돈을 모으려면 1.5% 이자로 가정해도 매월 95만 원을 10년 동안 꼬박 모아야 만들어지는 돈이다. 그러니 가난한 심 봉사의 집에서 그 돈은 심청이가 목숨을 바칠 만큼이나 큰 돈이었을 것이다.

결국 심청이가 공양미 삼백 석에 몸을 팔아야 했던 이유는 심 봉사의 가정에 보장자산이 없었기 때문이다. 보험은 해약하면 손해고 오래 내야 하는 부담스러운 존재가 아니라, 하나의 자산으로 인식되어야 한다. 10년간 매달 95만 원을 모아야 1억 2천만 원이 만들어지지만, 보험으로 준비를 한다면 준비하는 그 순간 바로 1억 2천만 원이라는 보장자산이 형성되는 것이다.

국립암센터의 자료에 따르면, 간암 치료비는 1년에 6,600만 원, 폐암치료비는 4,657만 원이 든다. 암 투병으로 직장을 그만두고 치료에만 몰두한다고 가정했을 때, 수입이 중단되고 치료비에 생활비까지 쓴다면 1억 원은 1년을 버틸 수도 없는 돈인 셈이다. 바로 여기에 보험의 진정한 의미가 들어 있다. 그래서 보험은 자산을 지키는 것이다. 여기서 질문을 하나 더 해 보자.

FP: 만약 심 봉사가 보험을 가지고 있었다면 어땠을까요?

말도 안 되는 상상이지만, 심 봉사는 보험의 혜택으로 부담 없이 수술을 하고 두 눈을 떠서 경제활동을 할 수 있게 되어 집안 사정이 나아졌을 것이고, 심청이는 목숨을 바칠 필요가 없었을 것이다. 즉, 심 봉사가 보험을 가지고 있었다면 한 가정은 붕괴가 되지 않았을 것이며 더 나은 삶을 살 수도 있었다는 이야기다. 자, 그럼 이제 세 번째 질문으로 이어진다.

FP: 고객님은 제대로 된 보장자산을 가지고 있나요?

제대로 된 보장자산의 의미를 고객은 잘 모를 것이다. 따라서 제대로 된 보장자산에 대한 설명과 함께 시대에 맞는 적합한 보험을 가져야 함을 설명해 드려야 한다.

제대로 된 보장자산은 다음의 조건을 만족해야 한다. 보장을 받을 수 있는 기간이 길고, 보장의 범위는 넓어서 어떤 경우라도 보장을 받을 수 있도록 설계된 보험이어야 한다. 또한 보장의 크기는 충분히 커서 실제 사고가 났을 때 도움이 되는 크기의 보장이어야 한다.

바로 이 부분 때문에 살면서 보험을 점검하고 리모델링 해야 할 필요가 있다. 과거에 아주 잘 들어 두었던 보험이라도 시간이 지나 물가상승률을 반영하지 못한다면, 그 보험은 사고가 나서 보상을 받을 때 별 도움이 안 된다는 생각이 들기 때문이다. 보험은 한번 가입하고 평생 사용하는 것이 아니다.

가전제품을 오래 쓰면 바꾸어야 하듯 보험도 리모델링이 필요
하다는 것을 잊지 말길 바란다.

02

난쟁이는 왜 백설공주에게
프러포즈를 못했을까요?

두 번째 이야기는 백설공주이다.

FP: 고객님, 백설공주 이야기 아시죠? 거기에 나오는 일곱 난쟁이 중 하나가 백설공주를 아주 사랑했다는데, 그 난쟁이는 왜 백설공주에게 프러포즈를 못했을까요? 혹시 아시나요?

백설공주와 일곱 난쟁이는 즐거운 시간을 보내고 있었고, 백설공주를 사랑한 한 난쟁이는 이 시간이 영원하기를 바랐다. '백마 탄 왕자'라는 새로운 인물이 등장하기 전까지는 말이다. 왕자는 난쟁이와는 비교도 안 되는 멋진 외모에 좋은 배경을 가진 남자였다. 난쟁이는 작고 좁은 집에서 7명이 함께 살고 있는데, 왕자가 사는 곳은 커다란 성. 난쟁이는 공주를 정말 좋아했지만, 같이 살 집 하나 마련할 능력이 없었다. 그래서 왕자를 따라가는 공주에게 좋아한다, 아니 좋아했었다라는 고백조차도 차마 할 수가 없었다.

이 이야기가 동화 속 난쟁이의 이야기가 아니라, 만약 당신의 아들 이야기라면 어떨까? 나는 이 생각을 하면서 아들이 떠올랐다. 요즘 부모들 사이에서는 "공부는 시켜 주지만 결혼은 자기 스스로 알아서 가야지."라는 말들이 정석처럼 돌고 있다. 하지만 실상 결혼을 시킬 때가 되면 조금이라도 보태주려고 하는 것이 부모의 마음이다. 그러다 보니, 하늘 모르고 오르는 전셋집을 구해 줄 부담을 가지고 있는 아들 가진 부모님의 마음은 편치 않다.

행여나 내 아들이 난쟁이의 입장처럼 사랑 고백조차 못한다는 것을 안다면, 어느 부모가 가슴 아프지 않겠는가? 요즘 젊은이들의 3포시대가 어른들의 마음을 아프게 하는 것도 같은 마음이다. 여기서 질문을 하나 더 해 보자.

FP: 고객님은 주택을 마련하기 위해 매월 얼마 정도 저축해야 할 것 같나요? 기간은 얼마를 잡으세요?

일반적으로 주택자금을 3억~5억 정도로 생각하고 4억짜리 집을 산다고 가정하면, 1.5%의 금리 일반과세상품일 경우 매월 360만 원을 10년간 모아야만 약 4억 6백만 원의 자금을 모을 수 있다. 내 집을 장만해야 하는 젊은이들 가운데 매월 360만 원을 10년간 꼬박 저축할 수 있는 사람이 대한민국에 몇이나 될까?

그렇기 때문에 주택을 마련할 때는 수익률을 높여서 월 저축액을 낮추고 긴 시간을 두고 미리 준비하는 계획성이 필요하다. **결국 난쟁이가 백설공주에게 프로포즈를 못한 이유는 주택자산이 마련되지 않아서였다.**

개미가 큰 부자가 못된 이유를
혹시 아시나요?

세 번째는 개미 이야기이다.

FP: '개미'라고 하면 떠오르는 이미지는 아주 부지런함입니
　다. 사람에 비유하자면, 일만 하고 놀지 않는 사람을 비
　유하기도 하죠. 그런데 그렇게 열심히 산 개미가 큰 부
　자가 못된 이유를 혹시 아시나요?

　과거 우리 사회는 열심히 일해서 알뜰히 아껴야만 돈을 모
아서 부자가 될 수 있다고 믿었다. 물론 지금도 열심히 일하
고 아껴야지만 돈을 모을 수 있다는 사실은 같지만 그런 삶이

부자로 이어지는지에 대해서는 공감할 수 없다.

과거 부모님들의 세대는 재테크나 재무설계의 개념을 전문가가 아닌 일반인이라면 알지 못했고, 그런 용어들이 나온 지도 그리 오래되지 않았다. 과거에는 그저 아껴서 은행에만 갖다 주면 높은 금리로 돈이 불어나는 시대였다. 그 시대에도 부자가 되는 사람들은 그런 식의 저축 외에 종잣돈을 부동산으로 투자해서 불렸던 사람들이었다. 지금은 더욱더 은행에서 저축만 해서는 부자로 살 수가 없다. 즉, 개미처럼 집전(集錢)만 해서는 안 된다는 말이다. 다음은 우리나라의 금리를 시간 순서대로 나열한 것이다.

- 70년대의 금리- 22.8~12%
- 80년대의 금리- 21.8~8%
- 90년대 금리- 12.6~8%
- 2000년대 금리- 4~6%
- 현재의 금리- 1~2% 미만

지금이 과거에 비해 얼마나 저금리인지 한눈에 비교할 수 있다. 이제는 누구나가 다 투자를 해야 하는 시대가 도래한 것이다. 그런데 '투자'라고 하면 겁부터 내시는 분들이 있다. 우리가 해야 할 바람직한 투자는 한방에 펑 튀기는 투기나, 목적 없이 위험을 가지고 돈을 불리려는 한 방 재테크가 아니다. 재무설계를 통한 시간의 지속성을 가지고 가는 체계적인 투자라고 생각하면 이해가 쉬울 것이다.

우리가 투자 계획을 세울 때는 무엇에 쓸 돈인지, 얼마를 투자할 수 있는지, 언제 필요로 하는 돈인지를 고려해야 한다. 그래야 적합한 금융상품을 고를 수 있기 때문이다. 매월 50만 원을 3년 후에 사용할 목적으로 투자를 계획한 경우에는 변액보험에 가입해서는 안 된다. 또 20년 뒤 아이 대학등록금으로 쓸 목적으로 매월 20만 원을 투자하기로 한 사람이 단기 펀드에 가입 하는 것은 바람직하지 않다.

이 말은 단순 저축이 아닌 투자로 돈을 운용하기로 하였더라도 그 돈의 목적이나 기간을 고려하여 적합한 포트폴리오를 짜야 한다는 말이다. 이것을 우리는 '재무설계'라고 한다. 포트폴리오상 단기에 사용해야 하는 돈은 투자 수익보다는 원금보존에 중점을 두어야 한다.

단기저축의 의미는 소비성저축이라고 이해할 수 있다. 즉, 1~2년 후 내가 무엇을 위해 쓰려는 목적으로 돈을 모으는 것이다. 그렇기 때문에 만기가 되면 그 돈은 목적을 위해 소비로 이어진다. 따라서 수익보다 목적에 맞는 정확한 금액의 도달이 중요하다. 그러므로 1~2년 후 꼭 사용해야 하는 돈을 모을 때는 원금이 보장되는 상품으로 운영하여야 한다.

중기에 쓸 돈을 모을 때는 물가상승을 고려해야 한다. 특히나 요즘처럼 1%대의 시중금리를 지닌 시대에 7년~10년 정도

후에 사용할 돈을 원금 보존에만 초점을 두어 은행 적금으로만 모은다면 정작 사용하여야 할 시점에 돈 가치의 하락으로 모은 돈이 그 역할을 못하게 되는 경우가 발생할 수 있다. 이런 돈들을 모을 때는 과감하게 은행을 떠날 필요가 있다.

장기에 사용될 돈은 세금과 실질수익을 고려하여서 적합한 금융상품을 선택해야 한다. 보통 자녀들의 교육자금이나 노후자금이 장기자금일 수 있는데, 이런 돈들을 모을 때는 과세되지 않으며 인플레이션을 헷지 할 수 있는 금융상품을 선택해야 한다.

FP는 이런 포트폴리오와 적합한 금융상품을 제안함으로써 고객으로부터 신뢰를 얻게 된다. 결국 **개미가 부자가 되지 못한 것은 모을 줄만 알았지, 투자를 몰랐기 때문이다.**

'떡 하나 주면 안 잡아먹지'에서
'떡'은 뭘까요?

네 번째 이야기는 해님달님 이야기이다.

FP: 고객님, 해님달님 이야기 아시죠? 어두운 밤 깊은 산속
에서 호랑이와 정면으로 마주쳤다면 어떨까요? 저는 생
각만 해도 숨이 턱 막힙니다. 그런데 동화 속 호랑이가
귀엽게 떡 하나를 달라네요. 떡만 많다면 호랑이가 배
부를 때까지 하나씩 하나씩 주고 오면 되겠죠? 그런데
동화 속 오누이의 엄마는 광주리의 떡을 다 주고 나서는
결국 잡아먹히고 맙니다. 호랑이가 말한 '떡 하나 주면
안 잡아 먹지'에서 '떡'은 뭘까요?

우리는 살아가면서 크고 작은 많은 위험들을 접하게 된다. 나 같은 경우는 아이가 셋이다 보니 아이들이 어릴 때 밤에 토하거나 갑자기 고열이 나서 애를 업고 응급실을 간 적이 몇 번이나 있었는데, 새벽에 그런 일이 생기면 어른 둘이서 정신이 없다. 아픈 아이 챙기랴, 자다가 우는 아이 챙기랴. 자식을 키워 본 부모라면 공감이 갈 상황일 것이다. 가족 중 누군가가 아플 때 그 집안에는 정신적으로든, 재정적으로든 위험이 온 것인데, 마음이야 추후에 추슬러야 하는 것이지만 재정적인 위험에 대해서는 사전의 대비가 가능하다.

살다가 갑작스레 돈이 들어가는 일들은 아주 많다. 부모님이 큰 수술을 받게 되시는 경우나 교통사고로 예상치 못했던 입원비나 수리비가 발생하거나, 가장의 실직으로 수입이 끊어진다든가 등 누구나 이러한 일들은 살면서 한 번쯤 겪게 된다. 이럴 때를 대비해서 우리는 비상예비자산이라는 것을 준비해 두어야 한다.

가정마다 이 자산의 크기는 다를 수 있다. 보통 외벌이나 일반 근로자의 경우는 생활비의 3개월 정도의 금액을 준비해두면 되지만, 맞벌이나 자영업자의 경우는 생활비의 6개월 정도의 금액을 준비해 두어야 한다. 이런 비상예비자산은 급한 일이 생겼을 때에 언제든지 즉시 꺼내서 써야 하므로 묶어 두는 것이 아니라 CMA와 같은 유동성이 있는 금융상품에 넣어 두어야 한다.

결국 동화 속 떡은 비상시 필요한 예비자산과도 같은 것인 셈이다.

베짱이의 겨울이 추웠던
진짜 이유를 아세요?

다섯 번째, 개미와 베짱이 이야기이다.

FP: 〈개미와 베짱이〉라는 동화를 알고 계시죠? 그 동화에
서 여름 내내 놀던 베짱이는 추운 겨울을 맞이합니다.
그런데 혹시 동화 속 베짱이의 겨울이 추웠던 진짜 이유
를 아십니까?

베짱이는 봄에 태어나서 찬바람이 부는 늦가을에 죽는다.
결국 베짱이는 겨울이라는 계절을 만나 본 적이 없었던 것이
다. 그런데 어쩌다가 겨울까지 살아남은 베짱이는 준비되지

않은 채로 겨울을 맞이하게 된 것이다. 지금 100세 시대를 살고 있는 우리가 그 베짱이와 같다는 생각이 든다.

불과 얼마 전까지만 해도 우리는 80세 정도에 생을 마감한다는 생각으로 살아왔다. 그런데 몇 년 전부터 '100세 시대'라는 말들이 사회를 공포로 뒤덮고 있다. 조선시대 사람의 평균 수명은 24세였다고 한다. 그 시대 사람들이 '100세 시대'라는 말을 들었다면, 믿지 않았을 것이다. 인간이 거북이도 아니고 어떻게 100년을 살 수 있느냐고 말이다. 1960년대 평균 수명은 50세, 2011년 평균수명 80세로 50년 사이에 평균 수명이 30년이나 증가하였다. 이런 추세로 보면, 2061년 평균수명은 110세일 것으로 추정된다.

준비 없이 맞이하는 노후의 삶은 결코 행복이 아니다. 세계에서 노인의 자살률이 1위라는 통계를 통해서도 알 수 있듯이 우리나라의 노인들은 행복하지 않다. 자식을 위해서 평생을 살다가 맞이한 노후는 준비 없이 시작되는 삶이기 때문이다. 그나마 다행한 것은 지금의 젊은 사람들은 노후에 대한 준비를 해야 한다는 인식을 가지고 있다는 것이다.

은퇴 후의 삶은 재무적 준비와 비재무적인 준비(일, 건강, 여가시간, 관계)가 조화롭게 이루어질 때 행복하다. 현장에서 고객을 상담하는 FP는 이 부분을 잊지 말길 바란다. 그렇기 때문에 고객과 은퇴 후의 삶에 대해 이야기를 나눌 때는 연금의 이야기만 할 것이 아니라 고객이 살고 싶은 삶에 대한 이야기를 나누어야 한다.

앞으로 남은 많은 시간을 어떻게 보낼 것이며, 누구와 보낼지, 건강관리는 어떻게 할지 큰 틀에서 이야기를 나누는 것이 중요하다. 재무적인 부분은 직접 컨설팅 해 주고 다른 비재무적인 부분은 듣되 알고 있는 정보를 제공하며 조언을 해 주면 된다. **결국 베짱이의 겨울이 추웠던 진짜 이유는 겨울이 올 것을 예측하지 못한 탓에 미리 준비하지 못했기 때문이다.** 이것은 은퇴자산을 준비하지 못한 우리의 노년의 모습일 수 있다.

지금까지 우리가 준비해야 할 5대 자산의 이야기를 동화로 가볍게 풀어 보았다. 고객과의 상담 시에 우리가 전하고자 하는 말을 우회적으로 호기심을 유발하여 전달하는 것도 FP가 가져야 할 센스이다.

자, 이제 고객과의 상담 시 5대 자산의 필요성을 동화로 전달해 보자. 가벼운 것 같지만 수십 명의 설계사들이 와서 이야기하는 그들의 언어와는 분명 다르게 전달될 것이다.

끌림이 있는 FP는 자석처럼 고객을 동화시킬 수 있다

FP의 역할은 고객이 액션을 취하도록 하는 데에 있다. 고객이 액션을 취한다는 것은 결국 FP의 제안을 따른다는 것을 의미하며 끌림이 있는 FP는 자석처럼 고객을 동화시킬 수 있다. 좋은 이미지의 전문 컨설턴트가 바로 그런 끌림이 있는 FP다.

이 책에서 나는 FP가 갖추어야 하는 기본 소양과 현장에서 고객에게 부담을 주지 않으면서 고객을 끌어당기는 자석상담 기법에 대해 말하고 있다. 많은 FP들 혹은 영업인들이 대우를 받으면서 자신의 일에 대한 자존감을 가지고 일 할 수 있기를 바라며, 각자의 삶에서 자신의 가치에 꼭 맞는 성공을 하기를 기원한다.

작은 것 하나에서부터 변화를 주자. 여러분 마음속에 답이 있다. 여러분들의 머릿속에 어떻게 해야 할지 방법이 들어 있다. 내면의 소리를 들어 보라. 자석상담기법이 대단한 뭔가가 아니다. 하지만 고객을 끌어당기기에 충분하다. 이제는 실천만이 남았다.

영업도 사람과 사람이 만나서 이루어지는 일이다. 그러므로 사람에 대한 진정한 이해야말로 성공적인 결과를 가져올 가장 기본임을 잊지 말자.